I0635302

ŒUVRES COMPLÈTES

DE

GUY DE MAUPASSANT

LA PRÉSENTE ÉDITION

DES

ŒUVRES COMPLÈTES DE GUY DE MAUPASSANT

A ÉTÉ TIRÉE

PAR L'IMPRIMERIE NATIONALE

EN VERTU D'UNE AUTORISATION

DE M. LE GARDE DES SCEAUX

EN DATE DU 30 JANVIER 1902.

————

IL A ÉTÉ TIRÉ DE CETTE ÉDITION

100 EXEMPLAIRES SUR PAPIER DE LUXE

SAVOIR :

60 exemplaires (1 à 60) sur japon ancien.
20 exemplaires (61 à 80) sur japon impérial.
20 exemplaires (81 à 100) sur chine.

————

Le texte de Boule de Suif
est conforme à celui de l'édition originale : Les Soirées de Médan
Paris, Charpentier, 1880.

ŒUVRES COMPLÈTES

DE

GUY DE MAUPASSANT

———

BOULE DE SUIF

CORRESPONDANCE

ÉTUDE DE POL NEVEUX

PARIS

LOUIS CONARD, LIBRAIRE-ÉDITEUR

17, BOULEVARD DE LA MADELEINE, 17

———

MDCCCCVIII

AVIS DE L'ÉDITEUR.

En publiant sous cet aspect les œuvres complètes de Guy de Maupassant, nous nous sommes imposé un principe : nous rapprocher davantage de celui du grand écrivain. C'est pourquoi notre édition n'est pas illustrée et ne contient aucun détail intime.

Le commentaire de l'illustration ne pourrait que diminuer la netteté et la vigueur des portraits que Maupassant a marqués de son empreinte si personnelle; l'image ne rendra jamais le coloris harmonieux et vrai des scènes si brèves et si grandes qu'il a décrites dans un style sonore et simple : il est des textes qu'on n'illustre que par la beauté typographique quand le burin ne peut atteindre la richesse du verbe.

Mais, soucieux du respect que nous devons à sa vie privée, l'œuvre de Maupassant, sa vie littéraire appartiennent cependant au public, et M. Pol Neveux en développe l'analyse et en trace l'his-

toire dans les pages remarquables qui ouvrent ce premier volume. De plus, à l'aide de documents autographes qui nous ont été confiés par la famille et par les plus intimes amis de l'écrivain, nous donnons par des notes toute l'intimité de son œuvre. Parmi une correspondance volumineuse, nous avons trouvé quelques lettres qui nous paraissent être à un tel point la peinture de son caractère et l'explication de sa pensée, que nous les publions, après en avoir supprimé les passages relatifs à sa vie intime. Nous n'avons pas cru devoir mêler à cette correspondance les quelques lettres que Guy de Maupassant adressa à Marie Basbkirtseff; elles ont un caractère de badinage qui, en se rapprochant de la mystification, les éloigne trop sensiblement de l'œuvre littéraire que nous présentons.

Les lettres de M^{me} Laure de Maupassant à Gustave Flaubert précéderont les vers de son fils. Elles intéressent trop les débuts du jeune Guy, qui commençait alors à versifier, il y est trop question de Louis Bouilhet, elles sont dictées par un esprit trop élevé, et par un cœur de mère trop inquiet, pour les séparer du premier volume que publia l'écrivain Des Vers.

C'est ainsi que les nombreux admirateurs de Guy de Maupassant le connaîtront dès l'enfance, le verront grandir avec ses aspirations, apprendront

sa pensée, sa manière, son opinion personnelle sur tel ou tel de ses romans et nouvelles, et seront initiés à son procédé de travail.

Toute la partie inédite comprise dans la présente édition a donné lieu à un examen aussi attentif que consciencieux : nous avons joint à une œuvre d'une tenue incomparable dans notre littérature, des nouvelles inédites d'une valeur telle, que certainement l'auteur les aurait publiées si la mort ne l'avait soudainement frappé.

Après les avoir lus et relus, nous avons abandonné les nombreux articles que Guy de Maupassant a écrits au jour le jour dans certains journaux sur des sujets d'actualité, les préfaces de livres et biographies diverses; notre édition est l'œuvre du grand romancier et non celle du journaliste; nous lui avons gardé le caractère d'homogénéité et de force qu'il lui avait donné. C'est aussi pour ne pas troubler cette harmonie que nous avons hésité à publier les écrits, vers et prose, de sa toute jeunesse, qui n'offrent d'intérêt qu'en faveur d'une étude critique.

Autant qu'il nous a été possible de nous procurer les manuscrits, nous avons indiqué les divergences de texte existant entre eux et les éditions originales. Nous avons cru bon aussi d'initier les lecteurs de notre édition à l'accueil que réservait la

presse d'alors aux livres de Maupassant et aux jugements dont ils étaient l'objet ; dans ce but, nous publions, à la fin de chaque volume, quelques citations d'articles de journaux et revues de l'époque.

Grâce au concours dévoué de la famille de Guy de Maupassant, représentée aujourd'hui par ses neveu et nièce, M. et M^{me} Jean Ossola, ainsi que de tous ses amis et amies d'autrefois, nous avons eu à notre disposition la plus autorisée des documentations. Ayant fait de notre mieux, nous tenons, ici même, à remercier de tout cœur ces personnes qui ont apporté avec tant d'empressement leur part de collaboration en faveur de la publication d'une œuvre qui honore si grandement les lettres françaises.

L. C.

GUY DE MAUPASSANT.

———

BIOGRAPHIE.

Henri-René-Albert-Guy de Maupassant naquit le 5 août 1850 au château de Miromesnil, à huit kilomètres de Dieppe. Il était lorrain par son père et normand par sa mère, mais la famille de Maupassant était établie depuis le milieu du xviii^e siècle en Normandie. C'est là que Guy de Maupassant fut élevé, c'est là qu'il vécut toute son enfance et sa première jeunesse, d'abord à Étretat et à Fécamp, sur la côte, puis à l'intérieur du pays, au séminaire d'Yvetot et au lycée de Rouen d'où il sort bachelier. Le vagabondage heureux de ces premières années lui valut une santé robuste, le goût de l'espace et du grand air, une parfaite connaissance des hommes et des choses qu'il devait peindre de préférence.

Il avait vingt ans lorsque la guerre éclata. Il s'engagea et fit campagne. Là encore il fut mêlé de très près aux événements qu'il mit plus tard en scène. Puis il part pour Paris et entre comme

employé au Ministère de la marine d'où il passera
plus tard au Ministère de l'instruction publique.
De ce monde de fonctionnaires on trouve égale-
ment dans son œuvre des souvenirs nombreux.

Cette période de dix ans (1870-1880) est la
période de préparation de l'écrivain. Il partage
ses loisirs entre le canotage sur la Seine et ses
premiers essais littéraires : théâtre, vers, nou-
velles. Mais ce travail opiniâtre reste secret. Pen-
dant ces dix ans, Maupassant n'a guère publié
que deux ou trois courts récits et quelques pièces
de vers. Flaubert presque seul est dans la confi-
dence. Il assiste avec orgueil à l'éclosion de ce
jeune talent, l'aidant de ses conseils et de ses
encouragements avec une patience inlassable.
Flaubert avait été étroitement lié dans sa jeunesse
avec Alfred Le Poittevin, frère de M^{me} de Mau-
passant. Il reporta sur le neveu un peu de la ten-
dresse qu'il avait eue pour l'oncle. Son influence
fut décisive. Maupassant, avec ses qualités pro-
pres, demeure dans l'histoire littéraire le descen-
dant direct de Flaubert.

Son premier volume *Des Vers*, publié sous le
patronage de Flaubert, et surtout *Boule de Suif*
qui parut la même année (1880) dans *Les Soirées
de Médan,* marquent la fin de l'apprentissage.
Maupassant est maître désormais de son art. Le
succès extrêmement vif de *Boule de Suif* lui per-
mit de s'y consacrer tout entier, en lui ouvrant la

porte de différents journaux, *le Gaulois* d'abord, bientôt *le Gil-Blas*, où durant plusieurs années, presque chaque semaine, Maupassant sera représenté par une chronique ou une nouvelle.

Ces nouvelles, réunies en volumes, se succèdent avec une surprenante rapidité. En voici la liste : 1881, *La Maison Tellier;* 1882, *Mademoiselle Fifi;* 1883, *Contes de la Bécasse;* 1884, *Clair de Lune, Miss Harriet, Les Sœurs Rondoli;* 1885, *Toine, Yvette, Contes du Jour et de la Nuit;* 1886, *Monsieur Parent, La Petite Roque;* 1887, *Le Horla;* 1888, *Le Rosier de M^{me} Husson;* 1889, *La Main gauche;* 1890, *L'Inutile Beauté.*

En 1883, Maupassant publie son premier roman, *Une Vie.* Il fut suivi de cinq autres : *Bel-Ami* qui parut en 1885, *Mont-Oriol* en 1887, *Pierre et Jean* en 1888, *Fort comme la Mort* en 1889 et enfin *Notre Cœur* en 1890.

On peut dire que la vie de Maupassant se confond avec l'histoire de son œuvre. Il vit tantôt à Paris, tantôt à Étretat où il s'était fait construire une maison, *la Guillette.* Mais de bonne heure déjà il avait eu la passion des voyages. Libre de s'abandonner à ses goûts, il s'égare en de longues croisières à bord de son yacht *Bel-Ami.* Il pousse à plusieurs reprises jusqu'en Algérie; on le trouve tour à tour en Corse et en Sicile; il aime à faire de longues escales dans les différents ports de la Côte d'Azur. C'est à ces voyages que nous de-

vons : *Au soleil* (1884), *Sur l'eau* (1888) et *La Vie errante* (1890). ✗

Cependant la santé de Maupassant, de bonne heure ébranlée, déclinait rapidement. Les soins des médecins, les cures de bains et de repos restent inutiles. Il semble s'acharner à produire en prévoyance de sa fin prochaine.✗ Et il meurt de paralysie générale en pleine célébrité, le 6 juillet 1893, dans la maison du Dʳ Blanche à Passy, ayant publié en dix ans : 1 volume de vers, 16 volumes de nouvelles, 6 volumes de romans, 3 volumes de voyage, 1 volume de théâtre, au total 27 volumes, sans compter de très nombreuses chroniques dans divers journaux,✗ et 3 volumes de nouvelles posthumes : *Les Dimanches d'un Bourgeois de Paris*, *Le Père Milon* et *Le Colporteur*. ✗

Il ne s'était pas marié. Il avait eu un frère, Hervé, de six ans plus jeune que lui, mort en 1889. Hervé laissa une fille, aujourd'hui Mᵐᵉ Jean Ossola, seule héritière de l'écrivain.

GUY DE MAUPASSANT

—

ÉTUDE

GUY DE MAUPASSANT.

« Je suis entré dans la vie littéraire comme un « météore et j'en sortirai comme un coup de foudre. » Ces paroles de Maupassant à José-Maria de Heredia, lors d'une suprême rencontre, résument, non sans exactitude en dépit de leur solennité morbide, la brève carrière, où pendant dix années, l'écrivain tour à tour intrépide et douloureux, produit avec une magistrale fertilité, vers, nouvelles, romans et voyages, pour s'abîmer prématurément dans la folie et la mort. Les étapes brèves et le rayonnement triomphal de cette vie hâtive, j'en veux tenter l'étude. Comment une génération, la sienne, envisagea et comprit Maupassant, comment elle expliqua sa maîtrise et pourquoi elle l'admira, c'est ce que j'essaierai de dire, avec la modestie d'un obscur assistant. Au manque d'originalité inévitable dans l'entreprise où je me hasarde, après tant de critiques, et non des moindres, j'essaierai de suppléer par des cita-

tions puisées dans des documents et des lettres inédites, trop heureux si, aidé par le grand écrivain lui-même, je puis apporter à mon tour un jugement équitable et probe.

Au mois d'avril 1880, paraissait dans le Gaulois un article[1] annonçant la publication des Soirées de Médan. Il était signé d'un nom encore inconnu : Guy de Maupassant. Après un juvénile anathème lancé sur le romantisme et une agression passionnée contre la littérature langoureuse, l'auteur exaltait l'étude de la vie, disait la genèse de l'œuvre nouvelle. Elle était pittoresque et séduisante : dans la paix nocturne d'une île de la Seine, sous les peupliers remplaçant les cyprès napolitains chers aux amis de Boccace, dans la rumeur continue de la vallée, et non plus à la voix du gave pyrénéen accompagnant en sourdine les récits des gentilshommes de Marguerite, le patron et les disciples s'étaient tour à tour narré quelque saisissant ou pitoyable épisode de la guerre. Et la publication en commun de ces récits, dans un volume où le maître coudoyait ses élèves, prenait les allures d'un manifeste, le ton d'un défi ou d'un acte de foi.

En réalité, les choses s'étaient passées plus simplement et l'on s'était borné, sous les arbres de

[1] Voir cet article à la page 81.

Médan, à décider du titre commun; Zola avait donné le manuscrit de l'*Attaque du Moulin* et c'est chez Maupassant, rue Clauzel, que les cinq jeunes gens se communiquèrent leurs œuvres. Chacun lut sa nouvelle, Maupassant le dernier. Quand il eut terminé *Boule de Suif,* d'un élan spontané, avec une émotion dont ils gardèrent la mémoire, enthousiasmés par cette révélation, tous se levèrent et, sans phrases, le saluèrent un maître.

Il se chargea d'écrire l'article du *Gaulois* et d'accord avec ses amis, il le rédigea dans les termes que l'on sait, brodant et enjolivant, cédant sans violence à un goût naturel pour une mystification qu'innocentait sa jeunesse. L'essentiel, disait-il, est de faire « démarrer » la critique.

Elle démarra. Le lendemain Wolff au *Figaro* polémiquait, entraînait ses confrères. Le succès du volume fut éclatant grâce à *Boule de Suif.* En dépit de la nouveauté, de la probité de l'effort de tous, on se tut sur les autres nouvelles. Reléguées au second plan, elles passèrent indifférentes. Dès sa première bataille, Maupassant dominait la littérature.

Du coup, toute la presse s'empara de lui et l'on dit ce qui convenait sur une célébrité naissante. Biographes et reporters s'enquirent de sa vie. Comme elle était fort simple, toute droite, ils inventèrent. Et c'est ainsi qu'aujourd'hui Mau-

passant nous apparaît comme ces héros antiques dont les origines et la mort s'obscurcissent de légendes.

J'insisterai peu sur la jeunesse de Guy de Maupassant. Ses proches, ses vieux amis, lui-même çà et là dans son œuvre, nous ont fourni sur les années qui précèdent ses débuts dans les lettres assez de révélations précieuses et d'émouvants souvenirs. En colligeant avec intelligence tous les textes, les condensant, les rapprochant, son pieux biographe, M. Édouard Maynial, a su écrire sur cette époque lointaine des pages définitives.

Je rappellerai simplement qu'il est né le 5 août 1850, près de Dieppe, au château de Miromesnil qu'il décrira dans *Une Vie.* C'était une lourde et majestueuse demeure de la Régence, avec une corniche parée de pots à feu et de balustres; de ses hautes et minces fenêtres, par delà une prairie qu'attiédissait une double allée d'arbres, on voyait moutonner au loin la mer septentrionale.

Normand, Maupassant l'était, comme Flaubert, par sa mère et par le lieu de sa naissance. Il appartenait à cette race curieuse et aventurière, dont il se plaisait à évoquer les courses héroïques, les longues erreurs sur les nefs vagabondes. Et de même que l'auteur de l'*Éducation sentimentale* semble avoir hérité, par la lignée paternelle, du réalisme narquois de la Champagne, de même

Maupassant paraît tenir de ses ancêtres lorrains l'indestructible discipline et la froide lucidité.

Ce fut à Étretat que s'écoula son enfance, sa belle enfance, que s'éveilla son instinct dans l'éclosion de son âme de préhistorique. Des années passèrent d'une félicité physique extasiée : enivrement des galopades furieuses à travers les champs d'ajoncs, attrait des voyages de découverte par les cavées et les valleuses, expansion des jeux sous les sombres hêtraies, passion de suivre en mer les pêcheurs et, par les nuits sans lune, de rêver sur leurs barques à de chimériques navigations.

M^{me} de Maupassant, qui avait guidé les premières lectures de son fils, et contemplé avec lui les grands spectacles de la nature, retarda le plus possible l'heure de la séparation. Il fallut bien, un jour pourtant, conduire l'enfant au petit séminaire d'Yvetot. Plus tard, élève du lycée de Rouen, il eut pour « correspondant » Louis Bouilhet. C'est chez lui, durant ces dimanches d'hiver où la pluie normande noyait les clochers et cinglait les vitres, que l'écolier apprit à rimer.

Les vacances ramenaient le rhétoricien en pays cauchois. Et c'étaient des chasses à la Saint-Julien-l'Hospitalier, à travers les plaines, sur les marais et dans les bois. Dès lors se concluait son pacte avec la terre et poussaient en lui ces « profondes et délicates racines » qui l'attachaient au sol natal. C'est à la Normandie, large, fraîche et forte, qu'il

B.

demandera bientôt son inspiration, fervente et drue comme un amour d'adolescent; c'est près d'elle qu'il se réfugiera quand, traqué par la vie, il implorera une trève ou quand, simplement, il voudra travailler et se revivifier dans l'allégresse ancienne. Alors aussi naissait en lui cet amour voluptueux pour la mer, qui plus tard saura seule l'isoler du monde, l'insensibiliser, le consoler.

En 1870, il fait campagne, puis il arrive à Paris et pour vivre, car la fortune des siens s'émiette, il doit prendre un emploi. Durant des années, il est attaché au Ministère de la marine où il remue de mornes paperasses, dans l'insipide compagnie des ronds-de-cuir de l'*Héritage*.

Puis il émigre à l'Instruction publique : la servilité bureaucratique y est moins amère. Certes, les besognes quotidiennes n'y sont guère plus palpitantes, mais il a comme chefs ou collègues Xavier Charmes et Léon Dierx, Henry Roujon et René Billotte, mais son bureau prend jour sur un beau jardin triste, aux platanes géants, autour desquels l'hiver met de noires guirlandes de corneilles.

De ses heures préservées, Maupassant avait fait deux parts, l'une pour le canotage, l'autre pour la littérature. Tous les soirs de belle saison, tous les jours de loisir, il courait vers le fleuve dont l'eau mystérieuse, voilée de brouillards ou étincelante de soleil, l'appelait et l'ensorcelait. Dans ces îles de la Seine qui s'étirent entre Chatou et Port-

Marly, sur les rives de Sartrouville et de Triel, longtemps, parmi le peuple disparu des canotiers, il fut célèbre pour ses biceps inlassables, pour sa gaieté cynique de franc-luron, ses farces aux effets certains, ses gauloiseries robustes. Tantôt, dans une vitesse éperdue, il tirait de l'aviron, libéré et joyeux, à travers les flammes qui dansent sur les courants. Tantôt, il rôdait le long des berges, interrogeant les mariniers, bavardant avec les ravageurs, ou, étendu parmi les iris et les tanaisies, il épiait durant de longues heures les existences légères qui se jouent à la surface, les araignées d'eau ou les papillons blancs, les demoiselles qui se poursuivent entre les saulaies mouvantes ou les grenouilles qui sommeillent sur les feuilles de nénuphars.

Le travail prenait le reste de sa vie. Sans jamais se rebuter, silencieux et obstiné, il accumula les manuscrits, poésie, critique, pièces de théâtre, romans et nouvelles. Chaque semaine il soumettait docilement son labeur au grand Flaubert, l'ami d'enfance de sa mère, de son oncle Alfred Le Poittevin. Le maître avait consenti à guider le jeune homme, à lui révéler les secrets qui font les chefs-d'œuvre immortels. C'est lui qui l'astreint à la documentation copieuse et à l'observation directe, qui lui inculque l'horreur du vulgaire et le mépris de la facilité.

Maupassant nous a raconté lui-même ces fortes

initiations de la rue Murillo ou du pavillon de Croisset : il a évoqué l'implacable didactique du vieux patron, ses tendres brutalités, les paternels conseils de son cœur généreux et candide. Durant sept années Flaubert dépeça, pulvérisa les gauches essais de l'élève, dont les progrès restaient incertains.

Soudain, dans un essor de perfection spontanée, il écrivit *Boule de Suif.* La joie du maître fut grande et suprême : il devait mourir deux mois après.

Jusqu'au bout Maupassant demeurera éclairé du reflet laissé par le bon géant disparu, de ce touchant reflet dont les morts aiment à parer les âmes qu'ils ont profondément remuées. Le culte de Flaubert fut la religion dont rien ne sut le distraire, ni le travail, ni la gloire, ni les vagues lentes, ni les nuits embaumées. A la phrase douloureuse et grave qui clôt la préface des *Dernières chansons,* il obéira pieusement : la mémoire de l'ancêtre sera son réconfort, cet « oratoire domestique où « murmurer ses chagrins et détendre son cœur ».

A la fin de sa brève existence, dans une heure lucide encore, il écrira à un ami : « Je songe tou-« jours à mon pauvre Flaubert et je me dis que je « voudrais être mort si j'étais sûr que quelqu'un « penserait à moi de cette façon [1] ».

[1] Lettre inédite.

Au cours de ces longues années de noviciat, Maupassant avait pénétré les milieux littéraires. Il y demeurait muet, préoccupé, et à qui s'étonnait de ce silence, l'interrogeait sur ses projets, il répondait simplement : « J'apprends mon mé-« tier. » Pourtant, sous le pseudonyme de Guy de Valmont, il donnait déjà quelques articles aux journaux et plus tard, avec l'assentiment et sur la recommandation de Flaubert, il publiait dans la *République des Lettres* des poèmes signés de son nom. Il devait les réunir en volume quelques semaines après l'impression des *Soirées de Médan*.

Ces vers débordants de sensualisme, où l'hymne à la terre se pâme dans des transports de possession physique, où l'impatience d'amour clame mélancolique et forte comme ces appels d'animaux dans les nuits printanières, sont surtout attachants pour ce qu'ils nous révèlent l'être d'instinct, le faune échappé des forêts natales que fut en sa jeunesse Maupassant. Mais ils n'ajoutent rien à sa gloire : « vers de prosateur », a pu dire Jules Lemaître. Assouplir l'expression de la pensée selon des lois plus strictes et l'« étrécir » en quelque sorte, tel fut le but. A l'exemple de l'un de ses camarades de Médan, s'entraînant avec bonheur à la précision du style et à l'équilibre de la phrase, par l'impérieuse norme de la ballade, du pantoum ou du chant royal, Maupassant, lui aussi, voulut se soumettre au régime du rythme. Jamais d'ail-

leurs.il n'aima ce recueil qu'il se repentait souvent d'avoir publié : ses démêlés avec la prosodie lui avaient laissé la monotone lassitude que le cavalier et l'escrimeur gardent des reprises de manège et des séances de plastron.

Telle est, à très grands traits résumée, l'histoire de la vocation de Maupassant.

Au lendemain de *Boule de Suif,* rapidement, sa réputation grandit. La qualité de son conte était hors de pair, mais aussi, il faut bien le dire, certains avaient le polémique besoin d'opposer une jeune renommée à la triomphante brutalité de Zola.

Dès lors, Maupassant, sollicité par toute la presse, se met à la besogne et donne nouvelles sur nouvelles. Son talent dégagé de tout système, sa personnalité libre de toutes influences, ne sont pas discutés un instant. Bientôt il est intronisé comme le successeur de Flaubert; d'un pas pressé, exact et désinvolte, il s'avance dans la gloire, une gloire dont il n'a pas lui-même conscience, mais qui est si universelle que, vivant, aucun auteur contemporain n'en connut de pareille. Le « météore » irradie et, d'article en article, de volume en volume, son rayonnement se prolonge et s'illimite.....

Le voilà célèbre et riche. Tous le lisent : bourgeois et militaires, commerçants et mondains, hommes de loi et de finance, chacun espère qu'un

jour ou l'autre il dira, dans quelque livre joyeux ou triste, le foyer ou la caserne, le magasin ou le salon, le prétoire ou la coulisse. On l'aime d'autant plus qu'on le croit heureux et fort. Mais ce que tous ignorent, c'est que ce gars au visage halé, au large col et aux muscles saillants, qu'on compare invariablement à un jeune taureau en liberté et dont on chuchote à l'oreille les héroïques exploits d'amour, est malade et bien malade. Dans le moment même où le succès est venu vers lui, il a rencontré aussi la Maladie, laquelle ne le quitte plus, est assise immobile à ses côtés et, de sa figure de ténèbres, le regarde. Il souffre de terribles migraines, suivies de longues insomnies. Des phénomènes nerveux l'agitent : il les apaise par les stupéfiants et abuse des anesthésiques. Espacés d'abord, des troubles de la vue se sont déclarés et un oculiste célèbre a parlé d'anomalie, d'asymétrie pupillaire. Le glorieux jeune homme tremble en secret et les phobies le hantent, multiformes.

Le lecteur est ravi par la santé de cet art renouvelé et pourtant, çà et là, il est surpris en découvrant, parmi ces tableaux de nature pleins de sève, d'inquiétantes échappées vers le surnaturel, de troublantes évocations, voilées d'abord, du plus banal, du plus vertigineux des frissons, de la Peur aussi vieille que le monde et éternelle comme l'inconnu. Mais loin de s'alarmer, il pense seule-

ment que l'auteur est doué d'une intuition infail-
lible pour suivre ainsi les tares de ses personnages
jusqu'en leurs plus inquiétants dédales. Il ignore,
le lecteur, que ces hallucinations si copieusement
détaillées, Maupassant les éprouve; il ignore que
la Peur est en lui, la Peur angoissante «qui ne se
«produit ni devant le danger, ni devant la mort
«inévitable, mais dans certaines circonstances
«anormales, sous certaines influences mystérieuses,
«en face de risques vagues», la «peur de la peur,
«la peur de cette horrible sensation de la terreur
«incompréhensible». ↙

Comment expliquer ces misères physiques et
cette détresse morbide que pendant longtemps,
seuls, connurent les intimes? Hélas! l'explication
n'est que trop simple : toute sa vie, conscient ou
inconscient, Maupassant lutta contre le mal,
obscur encore, mais qui est déjà son hôte.

Qui voyait Maupassant pour la première fois à l'époque des *Contes de la Bécasse* et de *Bel-Ami* était quelque peu dérouté. C'était un solide garçon, de taille un peu courte mais bien prise, avec un front plein sous des cheveux châtains, un nez droit sur une moustache militaire, un menton large, une encolure puissante. L'aspect était résolu et fort, un peu rude et sans ces nuances qui déterminent la qualité d'esprit et la condition sociale. Les mains pourtant étaient fines et déliées et les yeux cernés de belles ombres.

Il accueillait le visiteur avec les souples façons d'un chef de bureau courtois qui, sachant son devoir, entend les solliciteurs et s'est résigné aux requêtes prolixes. Beaucoup de politesse, mais aucune expansion. Avec un sourire effacé, il vous laissait parler et son calme vous déroutait. Le regard semblait peu soucieux de dévisager ou de scruter et pourtant on se sentait surveillé.

Çà et là, il laissait tomber une phrase simple, comme choisie parmi les moins significatives et les plus vagues. Et, quel que fût son effort pour la dissimuler, sa placide indifférence s'étalait. Ce qu'on lui avait dit, ce qu'il avait répondu, il s'en moquait

évidemment, comme de son interlocuteur, comme
de lui-même. Il était resté sur le qui-vive et cela lui
suffisait. Jamais il n'attaquait; décidé à rompre,
il ne livrait pas de fer, gardait la pointe basse, mais
eût détaché sans doute, au besoin, quelque coup
d'arrêt bien amené.

Comme il était réfrigérant, ce premier contact,
pour les jeunes enthousiastes qui avaient écouté
Zola développant en formules lyriques d'auda-
cieux systèmes ou qui s'étaient enivrés de la parole
caressante de Daudet, semant avec prodigalité les
images vibrantes, les traits pittoresques et les rac-
courcis lumineux! Les propos de Maupassant,
aussi bien en tête-à-tête que dans une conversation
générale, c'étaient à l'ordinaire des banalités cou-
rantes et des lieux communs fort usés. Convaincu
de la superfluité des paroles, les confondait-il
toutes dans un même néant, prisant la pensée
noblement exprimée à l'égal de la boutade gros-
sière? On pouvait le croire à le voir opposer un
pareil détachement aux caquets des plus authen-
tiques médiocrités comme aux discours des plus
fiers esprits d'alors. Pas un aveu, pas une confi-
dence qui éclairât sa vie ou son labeur; parcimo-
nieux de ce qu'il observait, jamais il ne contait
une anecdote typique ou ne livrait une remarque
avisée. L'éloge même le laissait froid et s'il s'ani-
mait par hasard, c'était pour raconter des farces
solides, des blagues d'atelier, comme s'il se fût

abandonné au plaisir fallacieux de surprendre et de mystifier.

D'ailleurs il semblait considérer l'art comme un passe-temps, la littérature comme une occupation au moins inutile, il réduisait volontiers l'amour au jeu d'une fonction et suspectait les mobiles des actes les plus méritoires.

Tout ceci, a-t-on dit, était le fond naturel de sa propre psychologie. Je n'en crois rien. Qu'il ait tenu l'humanité en médiocre estime, qu'il se soit méfié de son désintéressement, qu'il ait contesté la qualité de sa vertu, cela est possible, certain même. Mais qu'il n'ait pas personnellement surpassé ses héros, je me refuse à l'admettre. Et si je vois dans cette attitude comme dans ce langage une manifestation du pessimisme invétéré de Maupassant, j'y vois aussi et surtout une défense de ses pensées secrètes contre la curiosité du vulgaire.

Peut-être a-t-il dépassé le but. A force de l'entendre nier la morale, l'art et la littérature, à force de le voir préoccupé de canotage, à force d'écouter de sa bouche le récit de bonnes fortunes qu'il n'a pas toujours cherchées dans une classe très élevée, beaucoup ont fini par voir en lui un de ces terribles Normands qui, au long de ses romans ou de ses nouvelles, ripaillent et forniquent avec une si magistrale aisance et une si tranquille amoralité.

Normand, il l'était sans doute et divers traits
de son caractère, au dire des gens qui l'ont connu,
montrent que l'atavisme n'est pas toujours un vain
mot. D'instinct il était patient, méfiant, fermé
et craignait d'être dupe. Il ne paraît pas avoir
méprisé l'argent et telles de ses lettres publiées
après sa mort, non sans indiscrétion, le montrent
soucieux de ses intérêts, voire quelque peu pro-
cessif. Alors que son maître travaillait pour l'Art
et suivant l'expression populaire, pour la Gloire,
dans un parfait mépris de tout profit matériel,
Maupassant, sans rien abandonner d'ailleurs de
son indépendance, considère que son métier doit
lui rapporter. Il produit beaucoup et il encaisse.
Il n'a pas de fortune et, au début surtout, comme
ses Cauchois, il a peur de « manquer ». Plus tard,
rassuré sur l'avenir, devenu élégant et mondain,
il aimera encore l'argent pour les agréments qu'il
procure et il le dépensera avec facilité. Il le re-
cherchera enfin pour des raisons plus hautes :
il aime les siens et, pour faire à sa mère une
vieillesse exempte de soucis, pour assurer l'ave-
nir de son frère, puis de sa nièce, il saura, avec
une pieuse délicatesse, consentir tous les sacri-
fices.

Identifier Maupassant avec ses personnages,
l'erreur est grossière, mais elle a des précédents.
Nous avons toujours eu ce besoin de trouver
l'auteur dans le héros du roman et de rechercher

l'acteur sous le masque. Sans doute, ainsi que l'a dit Taine, « les œuvres d'esprit n'ont pas l'esprit « seul pour père et l'homme entier contribue à les « produire ». Mais dans l'homme entier il y a sa propre vie, il y a ses souvenirs, il y a ses observations. Au temps de sa jeunesse Maupassant a vécu avec les paysans normands, il a suivi leurs travaux, noté leurs gestes et parlé leur patois. Et c'est précisément pour cela que le père Amable et maît' Hauchecorne sont si vivants. C'est pour cela et c'est encore pour une autre raison que l'écrivain va nous dire lui-même : « Non, je n'ai pas « une âme de décadent, s'écrie-t-il, je ne peux « pas regarder en moi et l'effort que je fais pour « pénétrer les âmes inconnues est pour moi inces- « sant, involontaire, dominateur. Ce n'est pas un « effort; je subis une sorte d'envahissement, « de pénétration de ce qui m'entoure. Je m'en « imprègne, je m'y soumets, je me noie dans les « influences environnantes [1] ».

C'est là, à vrai dire, le propre des grands romanciers. Cette pénétration, cet envahissement, qui les a subis plus que Balzac? « Il est hanté de « ses personnages, dit Taine, il en est obsédé, il « en a la vision, ils agissent et souffrent en lui, « si présents, si puissants que désormais ils se « développent d'eux-mêmes avec l'indépendance

[1] Lettre inédite.

« et la nécessité des êtres réels. » C'est l'« *impe-
riosus vates* » des anciens qui reparaît. Sous sa
domination toute-puissante, Balzac a vraiment,
quand il écrit la *Cousine Bette*, les séniles ar-
deurs du baron Hulot; il a les terribles appétits
de Philippe Bridau quand il compose *Un mé-
nage de garçon*, et Flaubert éprouve de réels symp-
tômes d'empoisonnement en retraçant le suicide
d'Emma Bovary. Tel à son tour Maupassant. Il
est, la plume à la main, son propre personnage,
il en a les passions, les haines, les vices et les
vertus; il s'incarne tellement en lui que l'auteur
disparaît et que vainement nous nous deman-
dons ce qu'il pense lui-même de ce qu'il vient
de nous raconter. Ce qu'il pense? Rien peut-
être? ou s'il pense quelque chose, il ne nous le
dit pas.

Cela s'accorde d'ailleurs merveilleusement avec
la théorie de l'impassibilité en littérature, si en
faveur lors des débuts de Maupassant. Mais en
dépit de cette théorie il est, à le bien prendre,
autre chose qu'

> Un être sans pitié qui contemplât souffrir.

Sa commisération est profonde pour les faibles,
pour les victimes du mensonge social, pour les
sacrifiés obscurs. Si l'arriviste Lesable, si le beau
Maze sont l'objet de son ironie voilée, il garde ou
ressent une tendresse attristée, un peu dédaigneuse

toutefois, pour ce pauvre père Savon, le vieil ex-
péditionnaire du Ministère de la marine qui est le
souffre-douleur du bureau et dont les collègues
se rient parce que sa femme l'a trompé, sans es-
poir d'« héritage ».

Pourquoi Maupassant du premier coup conquiert-il l'universelle faveur? C'est qu'il a le génie direct, la claire vision d'un « primitif». Son bagage était tout juste celui d'un bachelier qui, sorti du collège, a satisfait quelques curiosités. Empoignant l'outil ingénieux et naïf, mais vaillant et solide qu'il s'est forgé lui-même, il s'engagea dans la forêt romantique; au lieu de subir l'ensorcellement de son mystère, sans une halte, il la traversa d'un pas allègre. Longtemps il marcha, et revenant en deçà des plaines lumineuses des siècles classiques, il suivit les bords intimes de la rivière où se sont vivifiés nos vieux conteurs. Il en reconnut le cours qui s'égare si souvent, en retrouva, par hasard, la source abondante et délaissée...

Il fut un jongleur. Neveu d'une race et non héritier d'une formule, il raconta à ses contemporains, déroutés par les déformations lyriques du romantisme, des histoires humaines, simples, logiques, comme celles qui jadis avaient enchanté nos pères.

Le lecteur français, qui veut être amusé, se retrouva tout de suite chez lui et de plain-pied. Il

se délecta aux *Contes de la Bécasse* comme les ma-
nants du XII^e siècle s'étaient gaudis aux *Perdrix*,
au *Vilain Mire* et aux *Trois Bossus ménestrels*. L'âme
survivait en Maupassant de ces clercs errants qui,
révélateurs de l'esprit naissant du Tiers, chantaient
aux foires, aux fêtes et aux veillées leurs fabliaux
irrespectueux. Du premier coup, le jeune Nor-
mand se plaça plus près d'eux que Brantôme et
des Periers, Voltaire et Grécourt. Plus spontané
encore que les premiers trouvères, il bannit de
son œuvre les types abstraits et généraux, « enro-
mancia » la vie elle-même et non les mythes,
les légendes éternelles, errant par les routes du
monde.

Étudiez de près ces jongleurs dans les récents
travaux, lisez le beau livre de M. Joseph Bédier [1]
et vous verrez comme renaissent dans la prose
de Maupassant des ancêtres que sans doute il ne
connut jamais.

C'est une conception réaliste, une observation
directe des petites gens qui s'oppose dans leurs
récits à l'esprit idéaliste des lais d'amour, des ro-
mans de la Table Ronde, que prisent les cheva-
liers et les dames. Les auteurs des fabliaux sont
du peuple, ils se gaussent avec une ironie rail-
leuse et clignent de l'œil sur le passage du noble

[1] Joseph BÉDIER, *Les Fabliaux*. Paris, Em. Bouillon, 1895,
in-8°.

c.

et du prêtre. Ils s'effacent derrière leur sujet et n'ont même pas l'idée que le conteur puisse révéler sa propre individualité. Chez eux, le rire est franc et hostile, le goût sans cesse affûté pour la caricature; ils peignent leurs personnages grotesques ou vils, tels qu'ils les voient :

Vous n'en épargnez point et chacun a son tour.

Ce n'est pas d'ailleurs que le jongleur éprouve colère ou sympathie; il n'a cure d'épiloguer ou de moraliser. Au surplus, il ignore la véritable satire, car le moyen âge satisfait ne conçoit pas la possibilité d'un monde différent. Bref, rapide, dédaigneux des intentions et des systèmes, il n'a d'autre but que de récréer ses auditeurs. Amusé et narquois, il ne poursuit que « risée et gabet ».

D'ailleurs, chez le jongleur comme chez notre nouvelliste, les sujets demeurent à peu près identiques. Les mêmes passions, les mêmes vices immortels s'y rencontrent. Dans le plus célèbre des fabliaux, l'histoire de la courtisane Richeut, nous pressentons L'Armoire, Un divorce, de même que Bel-Ami est en puissance dans le drille Sansonnet, cynique et beau parleur, si prompt à exploiter marchandes et ribaudes. Partout la sensualité et la brutalité, partout la haine des femmes, créatures inférieures, menteuses et redoutables. Partout la rancune contre qui exerce l'oppression et détient

l'autorité, partout la défaite finale du plus faible et du plus pauvre.

Mais les contes de Maupassant diffèrent singulièrement par le caractère. Au XIXᵉ siècle l'esprit gaulois a depuis longtemps sombré dans la bassesse et la crapule. Au fond de nos provinces, l'antique bonhomie défaille; on bavarde encore sur des riens, mais sans malice, ni belle humeur; c'est fini de *niaiser* comme on dit en Champagne. La nauséabonde pâture du journal, la basse intrigue politicienne ont flétri l'âme française. Âme délicate et fine dont les nuances dernières se meurent dans les récits alsaciens d'Erckmann-Chatrian, dans les contes provençaux d'Alphonse Daudet, dans les nouvelles quercynoises d'Émile Pouvillon. Maupassant n'est pas des leurs. La bonhomie, il l'ignore, car il ne l'a plus rencontrée dans la vie.

Le dépôt des jongleurs est échu à un cœur chagrin et sceptique. Pas plus qu'eux, Maupassant n'a d'arrière-pensées et ne se soucie d'instruction ou de morale; comme eux il est réfractaire à la satire, car sa misanthropie est aussi rebelle que leur optimisme à imaginer une humanité meilleure.

Et son ambition n'est plus de faire rire; il conte pour la joie de retracer avec indifférence une vérité qu'il trouve sinistre et médiocre. Incapables de généraliser, les «goliards» se conten-

taient de railler leurs personnages. De par son pessimisme, Maupassant méprise la race, la société, la civilisation et le monde.

Sans doute, le jongleur du XIXᵉ siècle écrira *Ce Cochon de Morin* et *La Bête à Maît' Belhomme*, *La Rouille* et *La Confidence*, *Le Pain maudit* et *Le Cas de Madame Luneau*, nombre de fabliaux encore, sans autre but que de rire; mais par combien de lugubres histoires se croira-t-il obligé de racheter ces échappées joyeuses vers la sensualité robuste, vers le comique énorme et le rire goguenard? Cependant la reconnaissance des lettrés fut telle pour la matière retrouvée des vieux contes qu'ils acceptèrent cet « assombrissement ». Et puis, il faut bien le dire, si parmi les lecteurs, certains étaient encore de cette vieille souche plaisante et gaillarde, qui adorait « les contes, les petits contes « polissons et aussi les histoires vraies arrivées dans « l'entourage », les autres, et la plupart, angoissés et crispés sous l'abjection de leur temps, allaient à des nouvelles en harmonie avec leur sensibilité souffrante. Grâce à ce que son esprit avait de hautement traditionnel, Maupassant les rallia tous dans une admiration commune.

C'est que l'ordonnance de ses récits, précise et nette de contours, porte en elle une force singulière, bien faite pour conquérir les cerveaux latins. Rien ne vient interrompre la promptitude de sa vision; pas d'intermédiaire entre le conteur et

la nature. L'observation a tracé la route; jamais l'imagination n'en détournera l'écrivain, jamais elle ne l'entraînera, fussent-ils fleuris, dans les sentiers nonchalants de la fantaisie. Confiant dans son instinct, il n'interroge pas de guides : il renonce à l'expérience de ses devanciers et se refuse à leur contrôle.

Flaubert, avant d'écrire une ligne, sait tout ou du moins s'est efforcé de tout apprendre. Si Maupassant se réclame de quelqu'un, c'est de Schopenhauer et d'Herbert Spencer dont il parle souvent, sans qu'on sache bien toutefois s'ils les a pénétrés très profondément. Dans tous ses livres, en dehors bien entendu des vers des grands mélancoliques, on ne relève qu'une seule référence avouée : un extrait de l'ouvrage de Sir John Lubbock sur les fourmis, intercalé dans *Yvette*.

Nul moins que lui ne fut livresque. C'est un dessinateur, et un des plus prodigieux de la littérature.

Ses héros, petites gens, artisans ou ruraux, bureaucrates ou boutiquiers, filles ou rôdeurs, il les installe dans des décors faiblement colorés, mais rigoureusement plantés. Et tout de suite le paysage simplifié donne le ton du récit.

L'action est-elle prompte, où s'agiteront des âmes élémentaires, il se contentera de fixer ses plans, d'établir solidement son terrain, d'indiquer un effet sommaire en larges touches.

Pourtant, parfois, quand des âmes un peu plus complexes hésitent ou s'attardent, lui aussi s'arrêtera pour regarder un coin de nature, dans le détail méticuleux d'un buisson ou d'une touffe de fleurs, d'un fossé ou d'un remous. L'horizon s'amplifiera si, d'aventure, les personnages sont enclins à la rêverie; le paysage se teintera de mélancolie s'il faut mettre en valeur quelque silhouette pensive et alors le décor reparaîtra à chaque tournant, bouleversé au gré des passions qu'il encadre.

Dans ses descriptions, Maupassant résiste à l'attrait d'affirmer la subtilité de sa vision personnelle. Il se refuse la permission de montrer de ses paysages plus que ses héros n'en aperçoivent eux-mêmes. Aussi prend-il soin d'en bannir les notations et les termes raffinés, de n'y introduire aucun élément supérieur à l'indigente sensibilité de ses acteurs.

Jamais il ne fait intervenir directement dans les tribulations humaines la nature insensible : elle se moque de nos joies et de nos deuils. Les arbres ne sont ni des conseillers, ni des amis et ils ne sauraient jouer sur la scène où nous nous agitons le rôle du chœur antique. Une fois, une seule dans l'œuvre du maître, ils uniront leur plainte à la lamentation universelle : les grands hêtres tristes pleureront à l'automne sur l'âme, la petite âme de la petite Roque.

Cependant Maupassant l'adore, cette nature qui, seule, l'attendrit, et l'on sent dans ses évocations un lyrisme contenu. Mais en dépit de cette passion exclusive, il se possède : l'artiste a conscience du préjudice qu'il causerait à son récit s'il y tolérait les transports de l'amant.

Un inconnu paraît..... Nous le voyons longer une haie, frapper à une porte et tout de suite nous savons d'où il vient et ce qu'il demande. Une parole tombée de ses lèvres, la façon dont il traîne la jambe, un tic, la place d'un bouton de veste ont suffi à le camper dans notre esprit. Nous devinons ses instincts, son caractère, ses habitudes. Peu de mots, très simples, groupés naturellement, comme au hasard, ont réalisé ce prodige. Avec un flair natif, Maupassant tombe du premier coup sur le détail péremptoire, la particularité essentielle qui définit un être et le résume. Aussi détient-il dans la présentation de ses personnages une autorité qu'aucun écrivain, pas même le grand Balzac, n'égala jamais.

Ses héros, c'est sans effort réfléchi qu'il les pénètre et les explique. Il les regarde, tout simplement. Il saisit et il note tous ces gestes dont il devine l'origine, l'enchaînement et la portée, et qui, pour lui, sont plus explicites et révélateurs que des confidences et des aveux. D'un seul coup il a scruté les physionomies, soupçonné tristesses

et sourires, surpris les paroles des mains. Rien n'échappe à son œil impitoyable. Cet œil velouté, pourtant si malade, est un instrument de précision rigoureux et sensible qui le dispense des interprétations logiques et supplée à toutes les déductions, qui lui fait lire à son gré,

Tous ces vagues secrets qu'un cœur peut renfermer.

Maupassant a hérité du docteur Larivière de *Madame Bovary* ce regard « plus tranchant que les « bistouris, qui vous descendait droit dans l'âme et « désarticulait tout mensonge à travers les alléga- « tions et les pudeurs ». On lit dans les *Cahiers de Sainte-Beuve* cette note saisissante : « Homère dit « *νοεω*, je vois, je conçois. Voir et concevoir, c'est « la même chose, ce n'est plus la sensation, c'est « déjà la pensée, la perception. » Pour Maupassant aussi, voir et concevoir, c'est la même chose.

Et ce qu'il a vu, il l'indique en traits rapides. Son œuvre est un vaste recueil d'esquisses puissantes, de croquis synthétiques. Comme tous les grands artistes, c'est un simplificateur; il sait « sa- « crifier » comme les Égyptiens et les Grecs.

Aucune poésie voulue, aucune naïveté affec- tée dans son dessin, mais une sûreté et une agilité de lignes, un sens parfait du mouvement, l'aisance rythmique et l'afflux même de la vie. L'exécution de ses portraits est toujours scrupuleuse; mais ja- mais Maupassant ne la réchauffe de tendresse ou

ne l'estompe de bonhomie; à peine, épandu sur ses figures, ce tiède reflet d'humanité qu'y jetaient les maîtres hollandais.

Par moment, cependant, la main appuie davantage et le caricaturiste surgit. C'est Callot ou Hogarth, Goya ou Monnier, Daumier surtout. Comme celui-ci il se plaît à étaler les formes déjetées, les anatomies honteuses des sédentaires et des vieillards. Le corps féminin qui « tant fut « tendre » il nous l'exhibe, avec un ricanement discret, bafoué par l'âge, stigmatisé par les rides et les vergetures, dans l'horreur des atrophies ou des ballonnements. La terrible série des *Bains Publics* était certes moins sinistre que le charnier vivant où parfois Maupassant nous promène. Et, comme Daumier aussi, il excelle à animaliser les visages sous la poussée des appétits brutaux, de la vulgarité furieuse, des rêves stupides et de l'incurable Bêtise. Et c'est peut-être dans ces moments qu'il ressent au plus haut degré ce que notre vieil Institut appelait « la joie de peindre ! »

D'ailleurs, il semble qu'avec coquetterie il bannisse de ses contes toute psychologie. Il n'en met pas davantage dans *Une Vie* et *Bel-Ami,* ces deux romans inséparables de son œuvre de nouvelliste. La psychologie, Maupassant la conteste et veut la méconnaître. Dans l'humanité qu'il étudie, les personnages, soumis au plus étroit déterminisme s'ignorent eux-mêmes et ne pétrarquisent

pas. Leurs passions ont-elles des mobiles? Peu
leur en chaut, et d'ailleurs ils seraient incapables
de les analyser. Ils ont la moralité de leur condi-
tion et les sentiments que leurs moyens leur per-
mettent. Ils se démènent en impulsifs, «en vrais
«français», ajoute Maupassant, «d'un mouvement
«qui agit plus vite qu'ils ne pensent». Dès lors,
pourquoi leur prêter d'hypothétiques ressorts et
d'incertaines spéculations? C'est dans une synthèse
des gestes et des manifestations que le maître
installe ses héros. Puis, il les lance au milieu des
événements, la bataille s'engage et, plein de séré-
nité, il assiste avec nous à ses péripéties. Lui-même
nous le fait savoir : «J'arrive à cette certitude
«que, pour bien écrire, en artiste, en coloriste,
«en sensitif et en imagier, il faut décrire et non
«pas analyser. Toutes les ressources séduisantes
«de la langue, les reliefs de sa précision, l'imprévu
«de ses évocations s'atténuent quand elle exprime
«les transitions des sentiments plutôt que les ap-
«parences de ces sentiments. Au fond, notre art
«consiste à montrer l'intimité des âmes de façon
«à la rendre visible, émouvante et surtout esthé-
«tique. Pour moi, la psychologie dans le roman
«ou la nouvelle se résume à ceci : mettre en scène
«l'homme secret par sa vie [1]. »

Tel est le système auquel il s'est astreint et dont

[1] Lettre inédite.

il a tiré tant d'effets aussi prompts qu'irrésistibles. Système suffisant quand il s'applique à cette horde sauvage où, selon le conteur, se résume l'humanité, quand il s'agit de montrer ces anthropopithèques et ces quaternaires qui sursautent et bondissent derrière des barreaux de fer, excités par l'éclair d'une pièce d'or ou l'aiguillon de l'instinct génésique. Mais cette méthode sera-t-elle encore de mise le jour où Maupassant romancier tentera de l'exercer sur des mentalités moins rudimentaires, plus conscientes, sinon moralement supérieures?

Grâce à ces moyens rapides, le maître « cinématographie », si j'ose dire, des histoires intarissables. Parmi elles chacun trouve son compte, l'artiste et le commis, le penseur et le sous-officier. Avec une agilité déconcertante, il passe d'Eschyle à Pigault-Lebrun et de Shakespeare à Chavette. Mais dans ces voltes brusques, son récit, qu'il soit héroïque ou bouffon, hautain ou canaille, ne déviera point. La marche de la comédie ou du drame importe seule au conteur qui ne s'attarde pas à rechercher des raisons obscures ou à dégager une moralité inutile.

L'exposition ne saurait languir, car les situations sont toujours prises à l'extrême. Et, en cours de route, aucune de ces haltes fraîches où se complaisent les âmes de demi-teintes; l'esprit délicat, le songe ingénu, l'intimité souriante sont résolu-

ment sacrifiés. Ce n'est pas que Maupassant méconnaisse le charme des sentiments nuancés : dans certaines rêveries, dans des souvenirs de voyage, il a su les exprimer avec un captivant lyrisme. Mais dans ses contes, il se refuse à flâner.

En dehors de son pessimisme, qui est très court, aucune théorie. Lorsqu'il a une intention philosophique, il la cache si jalousement qu'il faut avoir pénétré l'homme et médité l'œuvre dans son ensemble pour la sentir. D'émotion, aucune : l'écrivain implacable met son point d'honneur à n'y pas céder, et cette supériorité dédaigneuse ne va pas sans grandeur.

Maupassant est toujours impatient de « réaliser » ses observations. L'oubli pourrait venir, et surtout la fleur de la sensation, perdre son parfum. Dans *Une Vie*, il se hâte d'enclore ses souvenirs d'enfance. Et il confesse à des amis qu'il obéit non à un de ces retours mélancoliques fréquents à son âge, mais à une véritable nécessité de délimiter la plaine natale telle qu'elle charma ses jeunes années. Quant à *Bel-Ami*, il l'écrit au jour le jour tandis qu'il hante les bureaux de rédaction.

D'ordinaire les sujets qu'il traite, dans leur choix et leur décor, se déroulent parallèlement à sa propre vie. Ce qu'il a vu, ce qu'on lui a raconté, il se met aussitôt à l'écrire et après un préambule presque toujours banal, auquel il n'attache d'ailleurs aucune importance, il constate,

met au point, et opère. Au lecteur d'apprécier et de conclure. y

Ses récits s'édifient en des architectures solides, un peu froides mais de grande allure, dans des ordres clairs et selon des plans exacts. Nous sommes dans une belle hêtraie normande, aux nefs symétriques, aux piliers sveltes et puissants. Car il possède la science des agencements, l'art d'équilibrer les masses et de répartir les décorations.

Dans sa composition, s'il suit les règles traditionnelles les plus simples, il pratique inconsciemment tous les artifices compliqués des rhétoriques. Normand avisé, il tend avec adresse les pièges littéraires; il utilise avec une souple dextérité les habiletés de la mise en scène et du discours, et nul mieux que lui ne sait renouveler les moyens classiques pour en tirer les effets les plus sûrs. Il est rompu à l'escrime du récit : son jeu personnel possède les subtilités qui égarent et les audaces qui déconcertent. Tour à tour, il intervertit les temps, et reprend force dans les répétitions; il vous ébranle et vous bouscule par des raccourcis imprévus, en acier pur, jusqu'au moment où vous ayant touché d'une finale rapide et connue de lui seul, il vous abandonne énervé, avec l'obsédant souvenir d'une lutte si chaudement conduite. C'est un rude jouteur. Est-il besoin de rappeler par quels captieux stratagèmes il nous cache si long-

temps, en nous les laissant d'ailleurs pressentir,
— ce qui flatte notre sagacité — la paternité du
beau Maze dans l'*Héritage,* ou la culpabilité de
Renardet dans la *Petite Roque?*

Quant à son style, il est limpide, exact, franc
d'allures et fortement trempé, d'une anatomie
bien portante et possédant la souplesse des orga-
nismes vivants.

Très appliqué et très soigneux à l'origine,
Maupassant bientôt, dans sa fièvre de production,
se surveille moins. De bonne heure, il prend l'ha-
bitude de rédiger en sa tête : « La copie m'amuse,
« avoue-t-il, quand je la pense et non quand je
« l'écris [1]. » L'histoire qu'il vous avait contée, on
était frappé de la retrouver, dans l'œuvre réalisée,
avec les mêmes phrases et les mêmes expressions,
défilant dans le même ordre, strictement. Une
fois ses nouvelles ou ses romans pensés, sans plus
de fatigue, il les transcrivait d'une main d'expé-
ditionnaire, quasi machinale. Dans ses manuscrits,
de longues pages se suivent sans une rature.

Sa langue est naturelle, facile et au premier
examen semble spontanée. Mais cette aisance, au
prix de quels efforts fut-elle acquise! Et au cours
de son œuvre, c'est une joie de constater la rela-
tion étroite entre la pensée et la forme qui se pé-
nètrent et se soutiennent réciproquement.

[1] Lettre inédite.

Précipitée ou reposée, sa phrase coule avec un « gros bruit doux », une chanson d'écluse, et cette rumeur continue ; c'est par sa plénitude et sa monotonie même qu'elle nous absorbe et nous captive.

En réalité, chez l'écrivain, la vue et l'odorat se sont perfectionnés au détriment de l'oreille qui est peu musicale. Les répétitions, les assonances, ne choquent pas toujours Maupassant, parfois insensible aux quantités comme aux harmonies. Il n'« orchestre » pas ; il n'a pas hérité du « gueuloir » de Flaubert ; il prise médiocrement la période et le couplet, soupçonnés de nuire à l'équilibre général ou d'encombrer comme un obstacle la route rêvée toute droite. Aussi interrogez ses plus fervents admirateurs : aucun ne pourra vous réciter fidèlement une seule phrase de lui.

Dans son vocabulaire point de recherche : le besoin du mot rare ne lui vient même pas. Du néologisme, il n'a souci, pas plus que de l'écriture artiste, et il faudrait l'applaudir d'avoir méprisé la terminologie pharmaceutique, en honneur voici quinze ans, si lui-même avait montré plus de curiosité dans le choix de ses épithètes. Le conteur n'endurait point ces « affres » qui ont tué son maître, et librement continuait sa course.

D'aucuns y virent quelque sans-gêne. Ceux que ravissent les grandes orgues de Flaubert, ceux qu'enchantent les fresques de Théophile Gautier

D

ne se tinrent pas pour satisfaits et Maupassant fut, non sans rigueur, accusé de ne pas « écrire » au sens parnassien du mot. Le reproche est injuste, car il n'y a pas qu'un style.

Mais d'autre part, il est difficile d'admettre avec un éminent académicien que Maupassant soit un grand écrivain, un classique pour tout dire, uniquement parce qu'il « n'a pas eu de style », condition de la perfection « dans les genres littéraires « où il est bon que la personnalité de l'auteur n'ap- « paraisse pas, dans le roman, dans la nouvelle, « dans le théâtre ».

A ce compte, *Bérénice, Candide* et *Madame Bovary* cesseraient d'être des chefs-d'œuvre, car voici une tragédie, un conte, un roman qui, sauf erreur, s'embellissent du génie personnel de leurs auteurs. Un classique, Maupassant l'est sans doute, comme le dit d'ailleurs le critique auquel je fais allusion, « par la simple propriété des « termes et le dédain de l'ornement frivole ». Et son style, car il en possède un, il le tire de la façon qui lui est propre d'ordonner ses récits, de distribuer ses développements, de réduire ce qu'il raconte à la mesure de son esprit limpide et clair. Et il demeure un grand écrivain parce que, comme Molière, comme La Bruyère et La Fontaine, il est toujours proche de la nature, dédaigneux de toute rhétorique apprise et de toute verbalisation littéraire.

Souvent, quand il fléchit et que l'incorrection semble proche, une phrase vivante, une phrase sortie des êtres et des choses, jaillit avec un tel accent que les lois de l'encrier en sont rétablies. L'ensemble de ses pages dénuées d'« écriture » demeure un chef-d'œuvre.

D.

Mais déjà il ne s'agit plus du verbe. Sous les mots vulgaires ou précieux, décolorés ou rutilants, il y a une conception de l'humanité et du monde ? Maupassant est peut-être le pessimiste le plus déterminé de la littérature française. Cette vision froide qui, au lendemain de nos désastres, est celle de tous les adolescents témoins de l'invasion, il la possède et elle dominera son œuvre. D'ailleurs, il est disciple de l'*Éducation sentimentale* et il croit comme à un dogme à l'« éternelle Misère de tout ».

Le jeune écrivain ne se berce pas comme Chateaubriand à la musique de sa propre douleur; la mélopée altière de Vigny ne l'emporte pas dans son vol superbe, et la résignation hiératique de Leconte de Lisle ne le retient pas en sa tour orgueilleuse. Par contre il subit l'ascendant souverain de Schopenhauer. Ce n'est pas le métaphysicien qui le persuade chez le philosophe de Francfort, c'est le moraliste, le peintre de la vie et des hommes. Qu'importent à Maupassant la volonté objectivée ou le monde phénoménal, ce sont les irrésistibles ironies et les immortels sarcasmes du « grand saccageur de rêves » qui le transportent.

Schopenhauer semble lui avoir dicté la formule :
« Voir c'est comprendre et comprendre c'est mé-
« priser. » On le devine : le pessimisme du con-
teur est médiocrement philosophique. Mais il de-
meure intéressant par l'âpre façon dont Maupassant
en renouvelle l'expression.

Le ciel a fait l'aveu de son mensonge ancien

a dit Sully-Prudhomme. Et le nouvelliste est athée
comme Stendhal et Mérimée. Seulement, loin de
partager leur sérénité, à tous moments il vitupère
ce créateur qu'il nie, ce « Dieu des bonnes gens
« inventé par la peur de la Mort ».

La Nature, la grande mère aveugle, est dédai-
gneuse, féroce et perfide. Engendrer pour dé-
truire, telle est sa loi.

De nos jours, comme aux âges antiques, l'in-
exorable fatalité opprime le troupeau des vivants.
L'homme n'a pas changé depuis le temps où il ha-
bitait les demeures des Nymphes et poursuivait
à coups de pierre les bêtes sauvages. La civilisa-
tion, la vie apprise et inventée, est bien intervenue,
mais elle a accumulé vainement les conven-
tions et les lois : masque illusoire de la barbarie,
elle craque à tout instant sous la poussée bru-
tale de l'instinct. Vainement elle a tenté d'enchaî-
ner le fauve qui, au fond de sa geôle, gronde et
s'insurge : dans l'homme d'aujourd'hui, paysan
ou citadin, noble ou bourgeois, Maupassant re-

trouve l'homme éternel qui dans la ferme, le bureau ou le salon se souvient toujours de la caverne et des bois. Du désaccord entre ses appétits demeurés carnassiers et la morale artificielle qu'ont essayé de lui imposer les gouvernants, les policiers et les juges, sont nées de permanentes hypocrisies qui le rendent plus odieux et redoutable encore.

La sauvagerie a beau se dissimuler sous des apparences sociales et même mondaines, partout on la rencontre dans l'œuvre du conteur. Armés les uns contre les autres et privés de toute liberté morale, les individus brûlent, pillent et violent; ils assassinent pour les mobiles les plus vains, ils tuent, comme la nature, par besoin physique ou par plaisir. Parfois, il est vrai, la prudence déconseille le crime; mais alors, quelles subtiles préméditations pour ravir la proie sans se heurter aux codes! Toute l'intelligence acquise par les hommes se résume dans leur adresse à tourner ces lois qu'eux-mêmes édictèrent.

Pourtant ces hommes rêvent à l'amour. Erreur, répond Maupassant, car ce que vous appelez l'amour n'est que le piège à nous tendu par la nature pour perpétuer l'espèce. Et dans ce piège, la femme se chargera de nous faire tomber sans cesse, la femme « prostituée éternelle, inconsciente « et sereine, qui livre son corps sans dégoût parce « qu'il est marchandise d'amour ». Ses yeux im-

purs, allumés par le désir de plaire, nous fascinent,
« elle nous prend d'une façon cruelle, tenace, dou-
« loureuse ».

Et l'humanité demeurera identique, toujours.
Rien ne l'améliorera, ni les religions, ni les « prin-
« cipes soi-disant immortels », ni les utopies gé-
néreuses. Le Progrès est un leurre puéril et la
Science elle-même ment. N'a-t-elle pas proclamé,
impérieusement, l'omnipotence de l'hérédité ? Or,
abandonnez au lendemain de leur naissance les
rejetons des vieilles familles vertueuses et po-
lies, lancez dans la mêlée anonyme le fruit du
penseur ou du juste : la primitive sauvagerie fera
litière des noblesses intermédiaires et des délica-
tesses transmises. De cette graine triée et supé-
rieure, elle fera germer un fantoche, une brute, un
alcoolique, une prostituée, un parricide. Émou-
vante constatation que traverse le frisson grec. A
de longs intervalles, dans six nouvelles, le conteur
y revient, pour l'opposer aux thèses des psycho-
logues contemporains et des maîtres du roman
expérimental.

Le malheur est venu au monde avec la vie.
Maupassant fait défiler devant nous la lugubre
procession des humains, ceux que torturent en
leur chair la misère et la maladie, ceux que do-
mestiquent leurs passions ou leurs appétits. Et
le visage de chacun d'eux traduit les souffrances
héroïques et ridicules d'une existence qu'il est

incapable de modifier et à laquelle, d'ailleurs, il ne comprend rien. Tous pourtant, hommes et femmes, jeunes et vieux, ont rivée au cœur l'espérance insensée. Dans son cabinet de travail, Maupassant avait toujours devant lui ce chef-d'œuvre de Rodin, cette Chimère au nez court, au front méchant, aux yeux rapprochés, fendant les nues de ses seins roides et traînant derrière elle un malheureux qui se tord au-dessus de sa croupe nerveuse. Chaque fois que j'ai rouvert les livres du maître, le visage de l'ogresse m'est apparu et j'ai vu s'étirer ses flancs de succube. C'est elle qui vous emportait dans sa course furieuse vers l'idéal menteur, au pays fabuleux de l'impossible rêve, vous, vos frères et vos sœurs, pauvres âmes absurdes et pitoyables, Tante Lison et Miss Harriet, Clochette et Julie Romain, vous Mademoiselle Perle et toi petite Chali!

Dans cette vie où nous tourbillonnons sur nous-mêmes «comme des mouches dans une ca-«rafe», seul le pire arrive; rien ne mérite qu'on s'attache ou qu'on s'excite. Nous ne devons attendre aucune joie de nos semblables, mauvais ou infirmes, et nous sommes impuissants à les épurer, comme à les secourir. Tout labeur est pénible et décevant, toute exaltation de la pensée, vaniteuse et mesquine. Le stupide orgueil des hommes fait naître en eux des ambitions lamentables et organise leurs sociétés selon de grotesques hiérarchies...

Ce nihilisme farouche n'est pas chez Maupassant une attitude. Toutes ses paroles, tous ses actes, il les plie strictement à ses idées. Dans son appétit de néant, il raille son propre effort et conteste son œuvre. Quant aux applaudissements et à la gloire, il n'en a cure et l'on connaît assez son superbe dédain pour les croix et les Académies.

Écoutons ses confessions :

«Tout m'est à peu près égal dans la vie, «hommes, femmes, événements. Voilà ma vraie «profession de foi et j'ajoute, ce que vous ne «croirez pas, que je ne tiens pas plus à moi qu'aux «autres. Tout se divise en ennui, farce et misère. «Je prends tout avec indifférence. Je passe les «deux tiers de mon temps à m'ennuyer profondé-«ment. J'occupe le troisième tiers à écrire des «lignes que je vends le plus cher possible, en me «désolant de faire ce métier abominable [1]. »

Et dans une lettre postérieure :

«Je n'ai pas un goût que je ne puisse à mon «gré arracher de moi, pas un désir dont je ne «me moque, pas une espérance qui ne me fasse «sourire ou rire. Je me demande pourquoi je re-«mue, pourquoi je vais ici ou là, pourquoi je me «donne la peine odieuse de gagner de l'argent, «puisque ça ne m'amuse pas d'en dépenser [2].»

[1] Lettre à M^lle Marie Bashkirtseff.
[2] Lettre inédite.

Plus tard encore, il ajoute :

« Moi, je suis incapable d'aimer vraiment mon
« art. Je le juge trop, je l'analyse trop. Je sens
« trop combien est relative la valeur des idées, des
« mots et de l'intelligence la plus puissante. Je ne
« puis m'empêcher de mépriser la pensée, tant elle
« est faible, et la forme, tant elle est incomplète.
« J'ai vraiment, d'une façon aiguë, inguérissable, la
« notion de l'impuissance humaine et de l'effort
« qui n'aboutit qu'à de pauvres à-peu-près [1]. »

Notre seule joie spirituelle consiste à nous ren-
forcer chaque jour dans notre négation, à nous
divertir de nos blasphèmes et à ricaner de l'omni-
présence de la niaiserie et du néant comique de
notre destinée.

Il existe cependant un asile, un réconfort su-
blime, pour le philosophe et l'artiste qui dominent
la multitude. Il réside dans l'admiration de cette
Nature, qu'il faut chérir sans rien espérer de sa
cruelle indifférence.

La Nature, Maupassant éprouve pour elle une
ardeur frémissante. Il l'appelle de ses désirs et
toujours elle lui apparaît comme une femme qui
s'éveille ou s'endort; toujours il la poursuit, avide
de la surprendre dans la clairière, au bord de
l'étang, et d'entrevoir, à travers les vapeurs et les
branches, son sein et jusqu'à ses charmes les plus

[1] Lettre inédite.

secrets. Il est Actéon et aussi le chèvre-pied du Corrège en arrêt devant les hanches de Vénus endormie. Et il est jaloux comme un amant : il souhaite être le seul qui fasse tomber ses voiles et dénoue sa ceinture. Ses senteurs le surexcitent, ses câlineries l'enjôlent et son étreinte l'anéantit. Les couleurs éclatantes le grisent et les grands arbres, formidables et paisibles, le transportent. Le jeune faune est lâché dans l'herbe et s'y ébat satisfait; il se glisse dans les eaux, ravi de se sentir pressé de partout, et le bain lui procure « la plus savou-« reuse des joies physiques honnêtes » [1]. Son être tressaille quand sa maîtresse lui rafraîchit le front de la brise légère du large. Elle seule sait le bercer et l'engourdir avec le flot.

Jamais rassasié, il la lui faut sous toutes ses parures. Aussi, voyage-t-il sans cesse, espérant trouver un coin du monde où il la possédera plus étroitement. C'est d'abord la province natale, la prairie et la mer normandes, puis les rives de la Seine, qu'il longe penché sur l'aviron. C'est ensuite la Bretagne avec ses grèves, où déferlent les hautes lames sous le ciel bas et mélancolique, puis l'Auvergne et ses burons épars dans l'herbe acide, sous les basaltes noirs. Il descend enfin vers les pays incendiés de soleil, visite la Corse, l'Italie, la Sicile, insoucieux des enthousiasmes artistiques,

[1] Lettre inédite.

pour ne goûter que l'extase des grandes lignes pures. L'Afrique, la patrie de Salammbô, le désert, l'appellent enfin et il y respire ces odeurs lointaines que charrient les brises indolentes; la lumière inonde son corps de clartés, « lave les coins « sombres » de son âme. Et il gardera un souvenir troublé de ces soirées des pays chauds où l'air semble remplacé par des parfums de plantes et d'arbres.

Jamais pourtant, et quels que soient les spectacles offerts, le maître ne mêle de lyrisme littéraire à sa passion physique pour la nature; la pensée n'y vient point troubler l'ivresse sensuelle. Il éprouve simplement un « désir frénétique de « l'absorber en lui ou de disparaître en elle ». L'éternelle charmeuse, il l'a dans le sang, et par elle il goûte sans réserves la sensation voluptueuse de l'oubli.

Aussi lui obéit-il aveuglément et conseille-t-il aux sages, comme seuls désirables, les actes recommandés par elle. Mais qu'ils n'essaient pas de les compliquer ou de les moraliser et qu'ils s'en tiennent au sensualisme d'Epicure. C'est ainsi qu'il ne faut pas demander à la femme autre chose que le plaisir où nous incite l'instinct sexuel. Refusons notre cœur et notre intelligence à l'exécrable Féminin, que nous ne connaîtrons jamais et qu'une « infranchissable barrière » sépare de nous. Mais il faut nous pâmer sous tous les bai-

sers et les assortir, pour en comparer les parfums et les adresses. Dédaignons Hélène et poursuivons les Bacchantes.

Nec Veneris fructu caret, is qui vitat amorem,

a dit Lucrèce.

Ainsi, en dehors des satisfactions physiques et des licences éternelles, courir, chasser,

..... manger et boire,
Tout n'est qu'ombre et fumée.....
Et le néant de vivre emplit la tombe noire.

La philosophie de Maupassant est aussi peu complexe que sa vision de l'humanité. Son pessimisme dépasse en simplicité et en profondeur celui de tous les autres écrivains naturalistes. Seul, parmi ses contemporains, le nouvelliste a jugé l'humanité et l'a condamnée sans appel : les personnages d'Huysmans, Monsieur Folantin et des Esseintes, l'un dans sa poursuite de cuisines intègres, l'autre dans sa recherche de pâtures spirituelles, croient, somme toute, à un mieux possible.

Pourtant on relève en lui des contradictions et non des moindres : la plus déconcertante est à coup sûr son invincible terreur de la mort. La Mort, il la voit partout et toujours elle le hante. Il l'aperçoit à l'horizon des paysages et il la croise

sur les routes désertes; quand elle ne plane pas au-dessus de sa tête, elle tourne autour de lui comme autour du pâle éphèbe de Gustave Moreau. Il tressaille au contact de sa main décharnée et il frissonne longuement. Pourquoi cette horreur de l'hôtesse consolatrice chez ce farouche mépriseur de l'univers? Pourquoi craint-il le dénouement désirable, lui qui proclame l'anéantissement définitif de l'être, l'inanité des Élysées et des Érèbes? Peut-il sérieusement redouter, ce matérialiste déterminé, la stupeur du sommeil éternel ou l'éparpillement de l'unité passagère?

Si le pupille de Schopenhauer témoigne peu d'allégresse pour l'euthanasie, c'est qu'en dépit des certitudes du raisonnement persistent l'inexpliqué et la peur du mystère. Et il fuit devant le trépas, comme les hommes des premiers âges, dans la déroute obscure d'un indestructible instinct. Il a tracé de ses cauchemars et de ses paniques des tableaux tels qu'on n'en avait jamais montré d'aussi affolants; au prix d'eux, les pages pourtant suraiguës de la *Joie de vivre* apparurent comme sereines. Ces images conquirent néanmoins à Maupassant des sympathies nouvelles. Le lecteur terrorisé admire en secret l'écrivain assez courageux pour confesser les faiblesses communes et inavouées. Et qui de nous, dans le nocturne silence, ne fût-ce qu'une minute dont il se souviendra toujours, n'a pas senti fondre sur son cœur la

noire énigme, perler son front et en ondes dou-
loureuses le frisson courir ses membres ?

Avec une amère volupté Maupassant écoute la
fuite des minutes qui nous blessent et entrevoit
les déchéances prochaines, irrémédiables. Sans qu'il
s'en doute, les regrets l'envahissent et il reprend
avec une superbe maîtrise, mais en l'assombrissant
encore, le vieux thème ronsardien. Lui qui a
l'effroi de l'avenir «parce que l'avenir c'est la
«mort», le passé l'attire et il s'exalte pour les belles
d'autrefois et pour les tendresses défuntes. Il est
hanté par les yeux qui un jour croisèrent les
siens et par les baisers qu'il n'a pas goûtés. Tou-
jours il préfère le souvenir à la présence, et il a
d'infinies délicatesses de touche pour indiquer la
tristesse des cœurs qui se manquent, se rencon-
trent trop tard, et vieillis et sans forces, s'épuisent
à vouloir refaire une vie avec les lambeaux des
années révolues. Ce que Flaubert appelait l'amer-
tume des sympathies interrompues, il en a un
sens pénétrant et supérieur qui, malgré lui, s'élève
jusqu'à l'attendrissement.

Autre contradiction. Celui que le contact de la
foule «supplicie dans ses nerfs», et qui professe
pour les hommes tant de mésestime, celui-là con-
sidère la solitude comme un des plus amers tour-
ments de l'existence. Et il se lamente de ne pou-
voir se livrer tout entier, de «garder au fond de lui
«ce lieu secret du Moi, où personne ne pénètre».

Hélas! a dit son maître : « Nous sommes tous « dans un désert. » Personne ne comprend personne et « quoi que nous tentions, quels que soient l'élan « de nos cœurs et l'appel de nos lèvres, nous se- « rons toujours seuls! »

Dans cette géhenne de la mort, dans ces nos- talgies du passé, dans ces transes de l'éternel iso- lement, faut-il voir quelque abandon de son sys- tème ? Non certes, puisque ces contradictions renforcent encore le mal de vivre et deviennent une source nouvelle de souffrances.

En tous cas, le pessimisme de Maupassant re- devient logique en aboutissant comme celui de Schopenhauer, à la pitié. Ici je sais que je heurte certains des admirateurs de l'écrivain. La pitié, on n'a pas voulu la trouver dans son œuvre : il est entendu qu'il est impitoyable. Mais, examinez de plus près ses récits et vous la verrez s'y ré- vélant à chaque page, pourvu que vous péné- triez dans les entrailles mêmes du sujet. C'est là qu'elle vit naturellement, presque contre le gré du conteur qui ne la provoque ni ne l'enseigne.

Et puis, si elle est demeurée cachée pour tant de lecteurs, c'est qu'elle n'a rien à faire, cette pitié, avec la pitié humanitaire, débitée par les rhéteurs. Elle demeure philosophique et hautaine, dégagée de tout caractère « anthropocentrique ». C'est la souffrance universelle qu'elle embrasse. Et même, pour dire vrai, c'est l'homme, c'est le bipède hypo-

crite et sournois qui y participe le moins; Maupassant est secourable à tous ceux de ses semblables que tenaillent les fatalités physiques, les cruautés sociales et les criminels hasards de la vie, mais il les plaint sans les estimer et sa bonté observe des distances. Par contre, le pessimiste a pour les animaux, que dédaignèrent les Évangiles, toutes les tendresses boudhistes. Quand il plaint les bêtes qui valent mieux que nous, leurs bourreaux, quand il plaint les créatures élémentaires, les plantes et les arbres, ces êtres exquis, il s'abandonne et il épand son cœur. Plus la victime est humble et plus généreusement il épouse sa douleur. Sa compassion est infinie pour tout ce qui vit misérablement, se débat sans comprendre, « souffre et « meurt sans parler ». Et s'il a pleuré Miss Harriet avec ce lyrisme inusité, c'est que, comme lui, la pauvre déshéritée chérissait d'un même amour « toutes les choses, tous les êtres vivants ».

Tel m'est apparu, tour à tour conteur, écrivain, philosophe, le Maupassant nouvelliste. J'ajouterai un trait : il est dénué de tout esprit critique. Quand il essaie d'échafauder une théorie, on demeure stupéfait de trouver chez ce grand lucide une pareille imprécision de pensée et une argumentation si débile. Sur Flaubert, sur « le vieux patron mort qui lui avait « pris le cœur d'une façon inexprimable », il a écrit l'étude la moins

éloquente, la plus diffuse. Et plus tard, même faiblesse à exposer comme à prouver, dans son essai sur *l'Évolution du roman*, dans l'introduction de *Pierre et Jean*, dans ses Salons enfin qu'il ne faut pas relire. Veut-il édicter un principe, il en cherche le fondement dans son œuvre propre, spécule, systématise et conclut d'après elle. Ainsi il élabore sans méthode, au hasard, des doctrines qu'il s'évertue ensuite à réduire en axiomes...

En revanche, il possède entre tous un pouvoir de créer, obscur et intime, qui s'exerce sans qu'il en ait expressément conscience. Vivant, spontané et pourtant impassible, il est le glorieux agent d'une fonction mystérieuse. Par elle il domine la littérature et il la dominera jusqu'au jour où il désirera être littéraire.

Il est grand comme un arbre. L'auteur des *Contemporains* a écrit que Maupassant produisait ses nouvelles comme un pommier des pommes. Jamais jugement ne fut moins contestable. Maupassant lui-même, dans des lettres qu'ignora le critique, y souscrit.

A maintes reprises, il s'applaudit de la fertilité que développent en lui «les terres puissantes où «une furie vous monte au cerveau par l'odorat et «par les yeux[1]». Il subit même l'influence des saisons et il écrit de Provence : «Je suis en sève,

[1] Lettre inédite.

«c'est vrai. Le printemps que je trouve ici à son
«premier éveil remue toute ma nature de plante
«et me fait produire ces fruits littéraires qui éclo-
«sent en moi, *je ne sais comment*[1]. »

Le «météore» rayonne à l'apogée de sa course.
Tous l'admirent et le glorifient. C'est l'époque
où Alexandre Dumas fils par trois fois lui écrit :
«Vous êtes le seul auteur dont j'attende une œuvre
«avec impatience.»
Il a du génie.

[1] Lettre inédite.

E.

Un jour vint pourtant où cette impassibilité maîtresse perdit sa raideur, où le marbre s'amollit au contact de la vie et de la souffrance. Et l'œuvre de romancier, inaugurée par le nouvelliste, va s'attiédir d'une tendresse qui point pour la première fois dans *Mont Oriol*. Aux dernières pages de ce livre, Maupassant se désintéresse brusquement de son sujet qui est la création, le « lancement » d'une ville d'eaux, pour se consacrer tout entier au malheur d'un personnage épisodique, au malheur de M^me Andermat abandonnée par Paul Brétigny. La comédie pittoresque où évoluaient baigneurs et charlatans, paysans et spéculateurs, s'achève en drame d'amour. Le maître prête à sa jeune mondaine délaissée une attention insolite et il éprouve pour son infortune, cruelle sans doute mais banale, une pitié singulière et profonde. L'amant de *Marocca*, de *La Patronne*, se penche sur cette âme fragile, y découvre des noblesses qu'il ignorait, des résignations qui le touchent. Gauche encore, mais avec des délicatesses charmantes, il s'évertue à panser la blessure, à endormir le chagrin de son héroïne.

— Bah! — lui dit un camarade au lendemain

de la publication du volume, en empruntant le ton sceptique de l'auteur lui-même — bah! M^me Andermat fera comme les autres : elle reprendra Paul Brétigny marié.

· Or voici que Maupassant s'indigne et sérieusement se fâche :

· — Non, elle n'est pas comme les autres celle-là, je vous en réponds!... Allons, je vois que vous ne l'avez pas regardée!

Mais cet élan sentimental qui a étonné ses admirateurs s'est vite amorti, car l'année suivante paraît ce sobre *Pierre et Jean*, cet admirable chef-d'œuvre de vérité typique, construit avec de la «pâte d'humanité», sans nul mélange d'assaisonnements littéraires ou de combinaisons romanesques. Le lecteur a retrouvé dans sa splendide intégrité le maître d'autrefois.

Il est touché cependant. Dans les livres qui vont suivre, comme un édifice longuement miné, l'impassibilité s'écroule. Avec une émotion toujours grandissante, il racontera, en les transposant à peine, toutes ses détresses physiques, toutes les affres de son esprit et de son cœur.

Quel est le secret de cette évolution? La lecture de ses œuvres nous le dévoile suffisamment.

Le jongleur a été accueilli dans les châteaux; il a été admis «aux chambres des dames». Il a renoncé à composer ces fabliaux rapides qui firent sa gloire, pour s'ingénier aux beaux romans d'amour

et de mort. Tristan a succédé à la *Vieille Truande*.
Le conteur a laissé les manants et les vilains, les
compagnons des *Repues franches* pour les seigneurs
et les riches; celui qui naguère fréquentait chez
M^me Tellier exalte à présent Michèle de Burne :
Yseult a remplacé Macette. Dans l'« Ostel de cour-
toisie », Maupassant cultive les abstractions coutu-
mières de la moderne Table Ronde : Distinction
et Mesure, Ferveur et Délicatesse. Le voici qui
rédige les requêtes d'amour et devient le servant de
la passion chevaleresque. L'apologiste des satisfac-
tions immédiates s'est voué « au culte de la Dame ».
Maupassant désormais vit dans les salons et les
raconte, exclusivement. Depuis longtemps, il avait
résolu d'élargir son cycle; un écrivain, affirmait-il,
doit « tenir tous les articles et décrire les marches
« des trônes comme celles, moins glissantes, des
cuisines [1] ».

Soutenu par les conseils, encouragé par les
succès d'un camarade de lettres, il voulut à son
tour scruter d'un œil, qu'il croyait encore implaca-
cable, la société mondaine de son époque. L'ob-
servateur qui était en lui se flattait d'y récolter
une moisson copieuse, l'homme espérait peut-
être y échapper dans l'agitation bourdonnante à
ses pressentiments, à ses cauchemars.

Partout, il fut recherché, choyé, fêté. Mais le

[1] Lettre inédite.

monde ne put se flatter d'avoir circonvenu l'écri-
vain. Jamais Maupassant ne s'abusa sur le clin-
quant de son prestige et la puérilité de son en-
sorcellement. Il méprisa aussi foncièrement les
fantoches qui s'agitaient autour de lui que jadis
ses plumitifs et ses petits bourgeois : «Ah! j'en
«vois, s'écrie-t-il, des têtes, des types, des cœurs
«et des âmes! Quelle clinique pour un faiseur de
«livres! Le dégoût que m'inspire cette humanité
«me fait regretter plus encore de n'avoir pu de-
«venir ce que j'aurais voulu être avant tout : un
«satirique destructeur, un ironique féroce et co-
«mique, un Aristophane ou un Rabelais [1]. » Et il
ajoute peu après : «Le monde fait 'des ratés de
«tous les savants, de tous les artistes, de toutes
«les intelligences qu'il accapare. Il fait avorter
«tout sentiment sincère par sa façon d'éparpiller
«le goût, la curiosité, le désir, le peu de flamme
«qui brûle en nous [2]. »

Mais les salons, s'ils n'entamèrent point la per-
sonnalité du romancier, pas plus qu'ils n'oblitérè-
rent sa clairvoyance, laissèrent-ils intacte son imper-
turbable sérénité? Je ne le crois pas. Maupassant,
en vertu de sa plasticité, a subi l'«envahissement»
des mondains comme naguère celui des ruraux.
Certes, il n'a pas été asservi, mais il a été enrôlé.

[1] Lettre inédite.
[2] *Ibid.*

En dépit de leur banalité, les louanges per-
sistantes finirent par émouvoir sa rude fierté. Ce
ne fut pas l'applaudissement de l'unanimité qu'il
rechercha, mais le suffrage discret d'une élite.

Maupassant dut se plier aux conditions de sa
vie nouvelle. Comme il était bien élevé, il lui
fallut respecter, au moins en apparence, les lois
de l'artificiel et du convenu, s'incliner devant les
idoles de la caverne où il avait pénétré. Il connut
la terminologie des clubs, le charme des conver-
sations douces et grises, l'attrait énervant des
flirts. Il argumenta sur l'amour, avec la casuistique
enchevêtrée que le sujet comporte. C'était trop
peu d'avoir acquis des mélancolies de bon ton et
des sentiments bien portés, il lui fallut subir en-
core la tyrannie des élégances matérielles.

Le monde — pour lequel il n'était pas fait —
le retint dans ses lacs puérils, aux mailles fines
et solides, où se prennent parfois les plus rétifs.
Et puis, car tout arrive, n'a-t-il pas rencontré dans
ce caravansérail frivole des cœurs sincères et des
mains fraternelles?

En résumé, si Maupassant ne fut jamais l'es-
clave des dogmes mondains, l'être d'instinct qui
persistait en lui contracta dans les salons des goûts
de raffiné, des disciplines d'extrême civilisé. x

Le romancier habite depuis quelque temps cette
cité enchantée et factice quand soudain la maladie

qui veillait s'exacerbe. Les névralgies le torturent, des douleurs fulgurantes encore inconnues, mystérieuses, le secouent et c'est dans une demi-cécité qu'il évolue, à tâtons. Les maux endurés sont si féroces qu'il éprouve le besoin de les crier. Mais, le phénomène clinique a été souvent décrit, du même coup son cœur misérable se convulse et s'attendrit. Il est en proie à une émotivité singulière, ses facultés anciennes s'exaltent et s'affinent et dans la surexcitation de la souffrance son esprit s'élargit, s'ouvre à des compréhensions nouvelles.

Cette personnalité ennoblie, Maupassant la doit à ces douleurs chères aux grandes âmes dont a parlé Daudet. Lisez cet aveu inattendu :

« Si jamais je pouvais parler, je laisserais sortir « tout ce que je sens au fond de moi de pensées « inexplorées, refoulées, désolées. Je les sens qui « me gonflent et m'empoisonnent comme la bile « chez les bilieux. Mais si je pouvais un jour les « expectorer, alors elles s'évaporeraient peut-être « et je ne trouverais plus en moi qu'un cœur léger, « joyeux qui sait? Penser devient un tourment « abominable quand la cervelle n'est qu'une plaie. « J'ai tant de meurtrissures dans la tête que mes « idées ne peuvent remuer sans me donner envie « de crier. Pourquoi? Pourquoi? Dumas dirait « que j'ai un mauvais estomac. Je crois plutôt que « j'ai un pauvre cœur orgueilleux et honteux, un « cœur humain, ce vieux cœur humain dont on

« rit, mais qui s'émeut et fait mal et dans la tête
« aussi, j'ai l'âme des latins qui est très usée. Et
« puis il y a des jours où je ne pense pas comme
« ça, mais où je souffre tout de même, car je suis
« de la famille des écorchés. Mais cela, je ne le
« dis pas, je ne le montre pas, je le dissimule
« même très bien, je crois. On me pense sans
« aucun doute un des hommes les plus indiffé-
« rents du monde. Je suis sceptique, ce qui n'est
« pas la même chose, sceptique parce que j'ai les
« yeux clairs. Et mes yeux disent à mon cœur :
« Cache-toi, vieux, tu es grotesque, et il se
« cache [1]. »

Page admirable où s'affirme, en dépit des réti-
cences, le combat entre deux âmes opposées,
celle d'hier, celle d'aujourd'hui. Mais c'est en vain
que Maupassant crispé essaie de cacher cette sen-
sibilité imprévue : désormais elle se manifestera
à tous les clairvoyants.

Le temps est passé pour le maître des beaux
élans de la jeunesse à la conquête de la vérité,
de cette vérité que tout le monde ignore « ou
« feint d'ignorer sur la terre ». Il sent flotter au-
tour de lui les tristesses qu'il porte. « Elles s'élar-
« gissent comme la nuit et m'oppressent du haut
« du ciel [2]. »

[1] Lettre inédite.
[2] *Ibid.*

Les regrets le visitent et les présages le poursuivent. À cette heure il subit l'irrésistible nécessité de s'hypnotiser devant l'inconnu et de fouiller l'inexplicable. Il a la conscience précise qu'en lui quelque chose se détruit; à maintes reprises, il est hanté par l'idée du dédoublement de son individu : deux êtres qui vivent côte à côte et s'observent. La folie, il la devine qui le suit de loin, le guette et le toise, prête à bondir. Dans un vertige déambulatoire, il essaie de fuir, mais à la montagne comme à la mer, la nature, hier son refuge, l'épouvante; il croit entendre sa voix «triste et superbe» lui confirmer des arrêts impitoyables.

Alors son cœur s'épanche; tous les sentiments, naguère diffamés, il veut les éprouver. Il célèbre maintenant dans ses livres l'amour-passion, l'amour-sacrifice, l'amour-tourment; il vante l'abnégation, le dévouement, l'irrésistible joie de se donner toujours plus. L'heure est tardive, la nuit prochaine : quitte à souffrir davantage encore, il implore en hâte de la tendresse et des souvenirs.

Par instants, le Maupassant de naguère proteste contre les servitudes que lui impose l'homme nouveau. Il se plaint de n'avoir plus complète comme autrefois la sensation d'être sans contact avec rien au monde, sensation si douce et si forte et qui rend fort. «Comme j'avais raison, écrit-il, «de me murer dans l'indifférence! Si on pouvait

« ne pas sentir et seulement comprendre sans lais-
« ser des lambeaux de soi-même à d'autres êtres !....
« Il est singulier de souffrir du vide, du néant de
« cette vie, étant résigné comme je le suis à ce
« néant. Mais voilà, je ne peux vivre sans sou-
« venirs et les souvenirs me grignotent. Je ne
« peux avoir aucune espérance, je le sais, mais je
« sens obscurément et sans cesse le mal de cette
« constatation et le regret de cet avortement. Et
« les attaches que j'ai dans la vie travaillent ma
« sensibilité qui est trop humaine, pas assez litté-
« raire [1]. »

Interrogez ceux qui connurent alors Mau-
passant, ils vous diront que sa vie était rehaussée
de ces fiertés, de ces délicatesses, de ces pudeurs
de sentiment qui sont le lot des cœurs excep-
tionnels.

Sa pitié enfin, tout en gardant l'horreur des
sensibleries, a pris une pathétique envergure. Il
ne songe plus à mépriser, avant de leur tendre
la main, ces malheureux, comme lui harcelés,
sur le chemin sans espoir. Toutes les larmes qu'il
voit couler le ravagent et il saigne de toutes les
plaies qu'il découvre. Sa tendresse ne s'enquiert
ni de l'origine des misères ni de leur qualité. Et
il plaint toutes les douleurs, douleurs physiques
et douleurs morales, la blessure des trahisons, les

[1] Lettre inédite.

crépuscules amers des existences manquées. Il
peut répéter avec Sully-Prudhomme :

> Je suis le captif des mille êtres que j'aime.
> Au moindre ébranlement qu'un souffle cause en eux,
> Je sens un peu de moi s'arracher de moi-même.

Son intelligence, elle aussi, s'est enfiévrée.
Maupassant est possédé de toutes les curiosités
d'esprit, il veut goûter à l'arbre de science. Un
jour, il compulse les mystiques arabes, se re-
paît des légendes orientales, et il étudie le len-
demain la faune marine, le mystère des conti-
nents madréporiques. Il lit et il compare ; il pense
et il prend plaisir à penser : jamais il n'a été aussi
clairvoyant. Son cerveau se maintient dans une
ébullition continue; après le travail, après l'ob-
servation, le romancier savoure ces longues et
lointaines rêveries que dédaignait naguère « le
« faune lascif », s'abandonnant aux forces natu-
relles du monde. « C'est singulier, confesse-t-il,
« comme je deviens mentalement un homme dif-
« férent de ce que j'étais autrefois. Je le reconnais
« en me regardant penser, découvrir, développer
« des fables, sonder et analyser les êtres imaginaires
« qui surgissent dans mes visions. Je goûte à cer-
« tains songes, à certaines exaltations, le même
« plaisir que je goûtais autrefois à ramer comme
« un fou sous le soleil [1]. »

[1] Lettre inédite.

Pour la première fois sa sécurité d'écrivain est ébranlée. Ainsi que l'attestent ses derniers volumes, il est préoccupé de se transformer, de se renouveler. L'appétit lui vient d'approfondir les cœurs obscurs et précieux, de visiter les races inconnues. Il a perdu sa magnifique sérénité.

Mais à quoi bon pousser ce portrait du romancier? Celui qui fut naguère l'impersonnel Maupassant ne se raconte-t-il pas dans *Fort comme la Mort,* dans *Notre Cœur* avec une complaisance persistante, qui d'ailleurs nous le rend plus cher?

A l'inverse de ce qu'il a toujours fait, c'est lui maintenant qui régente et domine ses héros. C'est lui qui par leurs bouches flirte, épilogue, s'exalte, implore ou maudit. Sa sensibilité malade, sa mentalité troublée, ses transports récents, habitent maints de ses personnages : tous, ou presque tous, professent son pessimisme, épousent ses mélancolies et se cabrent devant la mort.

Au lieu d'expliquer ces élégants et ces raffinés, ces artistes et ces écrivains, de leur infuser une âme et de les différencier, de transposer en un mot comme Balzac, le romancier s'incarne en chacun d'eux. Sous les noms d'Olivier Bertin, d'André Mariolle, de Gaston de Lamarche, c'est toujours Guy de Maupassant que l'on retrouve.

Il peut multiplier les pseudonymes, son incognito ne saurait nous leurrer. Quant aux personnages auxquels il lui est impossible de se substituer — cette mondaine ou cette « intellectuelle » dont il rêve de fixer à jamais le type — Maupassant prétend les définir purement et simplement par leurs actes, tout comme jadis il montrait ses primaires et ses instinctifs en mettant « en scène l'homme secret, par sa vie ». Mais décrire ne suffit plus là où il faudrait peser et critiquer. Et pourtant l'écrivain s'obstine avec plus d'orgueil que de logique à repousser le secours de la psychologie; il s'épuise à assouplir ses méthodes anciennes, espérant encore et quand même en leur toute-puissance. Victorieuses quand elles s'exerçaient sur des simples comme Monsieur Parent ou le père Roland, triomphantes avec les êtres rudimentaires en proie au délire du gain ou aux impatiences sexuelles, elles demeurent insuffisantes pour mettre à nu les rouages des âmes complexes et repliées.

Avec les héros de *Fort comme la Mort,* avec « cet « impulsif amour greffé sur une femme et repous-«sant sur une autre »[1], Maupassant s'en tire encore aisément. A M^me de Guilleroy, il prête son obsession de vieillir, sa terreur devant la fuite des jours. « En ce moment, écrit-il, j'ai ses

[1] Lettre inédite.

« angoisses, je regarde avec désolation mes cheveux
« blancs, mes rides, la peau défraîchie des joues,
« toute l'usure de l'être apparue partout. Puis,
« quand j'arrive à souffrir affreusement de mon
« chagrin de vieillir, quand je trouve tout à coup
« une émotion bien vraie, un détail bien caracté-
« ristique, je tressaille de joie [1]. »

Mais si, à la rigueur, dans ce roman, les diffi-
cultés étaient évitables, si le lecteur, emporté
dans le mouvement magistral du drame, pouvait
ne pas exiger trop impérieusement les explora-
tions de conscience qu'il était en droit d'attendre,
il n'en fut pas de même dans *Notre Cœur*. Mau-
passant dut s'apercevoir qu'appliqué à une Michèle
de Burne, son procédé habituel restait court. Cette
âme fuyante et loyale comportait d'autres commen-
taires que Coralie Cachelin ou les sœurs Rondoli.
En vain le romancier s'ingénia et se tortura. Il fut
bien obligé, en dernier ressort, pour étayer son
héroïne, d'emprunter la méthode des analystes :
l'instrument nouveau pour lui et rebelle à sa main
le servit mal.

De *Fort comme la Mort* et de *Notre Cœur* se dé-
tache un seul caractère dessiné et fouillé avec un
art supérieur : celui de Guy de Maupassant.

Au surplus, dans ces deux livres, on ne le sent
pas à l'aise. Il donne l'impression d'un terrien de

[1] Lettre inédite.

France, peinant sous des cieux inconnus, loin du guéret natal. Ses fréquentations récentes, ses nouvelles directions d'esprit semblent atténuer la sûreté de l'ancienne ordonnance qui dessinait ses œuvres comme de vieux jardins. En abandonnant ses petites gens qui lui avaient donné la gloire, Maupassant, peu à peu et sans qu'il s'en doute, s'éloigne de 'la tradition française. Dans les salons il a rencontré l'âme étrangère ; il a écouté les muses septentrionales, et leurs chants voilés, en mineur, par leur mystérieux symbolisme, ont séduit sa curiosité, en troublant sa vision. D'autre part, il a commis la faute de perdre le contact avec ses confrères. Or le monde peut promulguer ses arrêts et dispenser ses lauriers ; seul un homme de lettres ou un artiste est capable de conseiller utilement un artiste ou un homme de lettres.

Dans *Fort comme la Mort* et *Notre Cœur,* en dépit de qualités maîtresses, on sent par moments la composition faiblir et se rompre l'équilibre. Les haltes abondent, comme si l'auteur avait besoin de reprendre haleine. C'est en vain : les exercices mondains les plus obligés, le vernissage et la promenade aux Acacias, l'excèdent. Les intérieurs eux-mêmes n'intéressent plus son œil. De ses séances dans les salons, un autre eût rapporté des tableautins attentifs et soyeux, à la Stevens. On était alors dans l'âge de la peluche, des encombrements hétéroclites. Dans le clair-obscur

F

que recherchaient les beautés à la mode, Mau-
passant n'a pas fait se jouer les reflets des lourdes
tentures; il ne nous a pas montré les cheminées
drapées, les divans capitonnés, les coussins brodés
et multicolores, les figurines de Saxe minaudant
sur les étagères dorées, les petites tables chargées
de bibelots puérils et charmants, tout ce luxe
composite, fini, disparu et qui s'attriste mainte-
nant dans nos souvenirs de jeunesse.

S'il n'a pas vu les intérieurs, il n'a guère écouté
les conversations que pour en être accablé. Aussi les
mondains de Maupassant ne font-ils pas oublier
en leurs discours les chasseurs, les gratte-papiers de
naguère. Et qui ne troquerait les longs bavardages
du début de *Notre Cœur* pour les propos brefs et
définitifs qu'échangent dans la diligence de Tôtes
les compagnons de Boule de Suif?

Est-ce à dire, cependant, que les deux romans
ne renferment pas nombre de pages supérieure-
ment exécutées et prodigieusement séduisantes?
Non, elles abondent et souvent elles sont d'une
si incontestable grandeur qu'elles nous voilent les
défaillances de l'œuvre. Dans *Fort comme la Mort*
et *Notre Cœur*, la pensée du romancier s'élève et
plane. Il ne nous raconte plus, semble-t-il, tel
accident fortuit, tel drame isolé, telle misère indi-
viduelle : c'est l'impossible amour, la torture du
désir stérile, la vanité des consolations que dit sa
parole grave. Et jamais Maupassant ne fut aussi

éloquent qu'à cette époque; jamais il ne sut nous ébranler ainsi de ses périodes haletantes, et nous tarauder l'âme sous la vrille de ses mots clairs et abstraits. Un fluide pathétique attaque nos nerfs qui vibrent longuement et douloureusement.

A de certaines heures troubles, c'est vers *Fort comme la Mort* et vers *Notre Cœur* que s'en vont, malgré nous, nos préférences secrètes, encore que l'écrivain n'ait pas suivi l'homme dans son épuration. En perdant son impassibilité, il a perdu son génie : il ne lui reste plus qu'une virtuosité entraînante et de grande allure.

Pourquoi faut-il que cette époque de son talent, qui correspond à la période la plus intelligente, la plus délicate, la plus noble de sa vie intime, demeure, au point de vue littéraire, la moins attachante ?

Cette fois, ce n'est plus Olivier Bertin, ce n'est plus André Mariolle qui parlent. Il faut que Maupassant cède à cette impérieuse nécessité d'exhaler ses rancœurs, ses souffrances; il prend la parole en son nom, sans artifices et sans détours et, dans un soliloque admirable, il nous donne un chef-d'œuvre.

Depuis que le mal en lui se précise et s'exaspère, que la nuit obscurcit ses yeux et descend sur son âme, c'est aux pays de la lumière, c'est à la Côte d'Azur qu'il va demander l'illusion dernière. Il ne fait plus à Paris que de brefs séjours; il consulte ses médecins, voit ses éditeurs, et repart aussitôt. Là-bas, dans le vieux port d'Antibes, derrière la digue de Cannes, le yacht qu'il chérit comme un frère, son *Bel-Ami*, se balance et l'attend. Il l'emportera vers les cités blanches du golfe de Gênes, vers les palmiers d'Hyères ou les rouges calanques d'Anthéor.

C'est dans une de ces croisières indolentes, au large d'Agay et de Saint-Raphaël, qu'il a écrit *Sur l'Eau*. C'est sur la mer auguste des vieux philosophes et des vieux poètes, sur la mer dont la voix a bercé la pensée du monde, qu'il a jeté dans

l'ombre cette longue plainte si déchirante et su-
blime que la postérité en frémira longtemps. Les
strophes amères de ce lamento semblent caden-
cées par la Méditerranée elle-même et rythmées
comme sa mélopée; tantôt elles brasillent, avec
leurs incidentes uniformes, pareilles aux vagues
courtes et pressées; tantôt elles se replient et
s'apaisent avec un clapotis berceur, monocorde,
dans la fadeur des calmes plats.

Sur l'Eau, c'est le testament, c'est la confession
générale de Maupassant; à ceux qui viendront,
il lègue ses suprêmes pensées, puis il dit adieu à
tout ce qu'il a aimé, aux rêves, aux nuits étoilées
et à l'haleine des roses.

Sur l'Eau, c'est le livre du désenchantement
moderne, le miroir fidèle du dernier pessimisme.
Le journal de bord, décousu et hâtif, mais si
noble en son tumulte, a pris place pour jamais
à côté de *Werther* et de *René*, de *Manfred* et
d'*Obermann*.

> L'homme est guary, qui se lamente.

Il a menti le vers de Ronsard : le glorieux écrivain est entré dans les sombres défilés de la folie et de la mort.

Longtemps, douloureusement, il s'est vu défaillir sous les attaques d'un mal obscur qui lui laissait, avec son irrésistible talent, assez de conscience pour sentir la diminution de son être et son entrée dans la nuit. Les symptômes de la paralysie générale sont venus, irrécusables enfin, se confondre avec les désordres de la névrose. Maupassant est méconnaissable; ceux qui, comme moi, le rencontrèrent, maigri et grelottant en ce pluvieux dimanche de novembre où l'on inaugurait à Rouen le monument de Flaubert, eurent peine à le reconnaître. Toute ma vie, je reverrai son visage diminué par la souffrance, ses grands yeux aux abois où la protestation contre l'inique fatalité faisait passer des lueurs mourantes.

A dater de ce lugubre hiver, la sinistre maladie évolue sur le terrain le plus propice, avec une aveugle rigueur. Sans doute, il n'est pas seul à

subir un sort infligé à tant de pitoyables vic-
times, mais son supplice, à lui, connaît d'ex-
ceptionnels raffinements. A travers les crises de
persécution et de mégalomanie, dans les alterna-
tives d'excitation et d'affaissement, il garde, durant
de longs mois, une lucidité suraiguë qui le convie
sans merci au spectacle de sa lente destruction.
Il semble que, par cette torture opiniâtre, la
Nature le veuille punir d'avoir lu si clair en son
cœur de marâtre.

Maupassant s'est réfugié à Cannes, non loin
de sa mère. Il lit des traités de médecine et, en
dépit des verdicts qu'ils énoncent, il persiste à
attribuer ses souffrances à un «rhumatisme loca-
«lisé au cerveau», contracté naguère parmi les
brouillards de la Seine. Et, par instants, le précaire
espoir d'une rémission palpite en lui. Il écrit au
printemps :

«Il fait si chaud en ce moment sous le soleil
«qui emplit mes fenêtres! Pourquoi ne suis-je pas
«tout entier au bonheur de ce bien-être? Certains
«chiens qui hurlent expriment très bien cet état.
«C'est une plainte lamentable qui ne s'adresse
«à rien, qui ne va nulle part, qui ne dit rien et
«qui jette dans les nuits le cri d'angoisse enchaînée
«que je voudrais pouvoir pousser. Si je pouvais
«gémir comme eux, je m'en irais quelquefois,
«souvent, dans une grande plaine ou au fond d'un
«bois, et je hurlerais ainsi durant des heures en-

« tières, dans les ténèbres. Il me semble que cela
« me soulagerait [1]. »

Vainement il essaie de travailler, il sombre, et
l'idée de suicide s'impose davantage : « Mon esprit
« suit des vallons noirs qui me conduisent je ne sais
« où. Ils se succèdent et s'emmêlent, profonds et
« longs, infranchissables. Je sors de l'un pour
« entrer dans un autre et je ne prévois pas ce qu'il
« y aura au bout du dernier. J'ai peur que la las-
« situde ne me décide plus tard à ne pas continuer
« cette route inutile [2]. »

Les mois s'écoulent cependant et, en juin, il
peut aller faire une cure à Divonne. Après un accès
d'optimisme très caractéristique, il se rend brus-
quement à Champel et il y stupéfie son entourage
par ses effroyables divagations. Un soir pourtant
qu'il se trouve mieux, il veut lire au poète Dor-
chain le début de son roman l'*Angelus*, qui sera,
il l'affirme, son chef-d'œuvre. Quand il eut fini,
il pleura. « Et nous aussi, nous pleurâmes, rap-
« porte éloquemment Dorchain, voyant tout ce
« qui restait encore de génie, de tendresse et de
« pitié dans cette âme qui jamais plus n'achèverait
« de s'exprimer pour se répandre sur les autres
« âmes..... Dans son accent, dans ses paroles,
« dans ses larmes, Maupassant avait je ne sais quoi

[1] Lettre inédite.
[2] *Ibid.*

«de religieux qui dépassait l'horreur de la vie et la «sombre terreur du néant [1]. »

A la fin de septembre, le revoici à Cannes. Mais l'heure de l'échéance prédite par les médecins a sonné. Comme une bête traquée, il erre, à l'automne, sur la Croisette, devant ces deux îles où si souvent il s'est étendu à l'ombre des pins embaumés, devant ces horizons nacrés vers lesquels, jamais plus, ne cinglera le *Bel-Ami*. Puis, au crépuscule, il gravit la Californie et, de son œil morne, regarde là-bas l'Estérel, qui change de couleur et d'expression sous le ciel verdissant, l'Estérel dont il a tant couru les sentiers, les forêts et les ravins où éclosent les fleurs tropicales, l'Estérel qu'il a si fervemment décrit et qui fut son dernier amour... Du moins la dolente montagne gardera-t-elle associé à son nom léger le nom du Maître : elle lui appartient pour toujours, comme la baie de Saint-Malo à Chateaubriand, et le lac du Bourget à Lamartine.

Maupassant annonce sa fin prochaine, et dans ses lettres dernières, pauvres billets semés de fautes, troués de lacunes et criblés de surcharges, ce ne sont que des cris épouvantés, des appels de noyé venus du large : « Il y a des jours entiers «où je me sens perdu, fini, aveugle, le cerveau «usé et vivant encore.....

[1] LUMBROSO, *Souvenirs sur Maupassant.*

« Je n'ai pas une idée qui se suit, j'oublie
« les mots, les noms de tout et mes hallucinations
« et mes douleurs me déchirent.....

« Je ne peux pas écrire, je n'y vois plus;
« c'est le désastre de ma vie [1]. »

Après des semaines tragiques, où d'instinct il
lutta en désespéré, le 1er janvier 1892, il se sent
irrémédiablement vaincu et, dans une minute de
clarté suprême, comme naguère Gérard de Nerval,
il voulut se tuer. Moins favorisé que l'auteur de
Sylvie, il se manqua. Mais son esprit, désormais
« indifférent à toute misère », était entré dans les
ténèbres éternelles.

On le ramena à Paris pour l'interner chez le
docteur Meuriot. Après dix-huit mois d'une exis-
tence machinale, tout doucement le « météore »
s'éteignit.....

Les moralistes d'autrefois, plus préoccupés
d'humanité que de pathologie, auraient commenté
cette fin en répétant la belle phrase de Cureau de
la Chambre : « Il ne faut pas s'estonner si la Mort
« suit souvent les grands succès, parce qu'ils font
« perdre l'Espérance, qui est l'Ancre véritable qui
« arreste l'âme, la vie et les années. »

Septembre 1907. POL NEVEUX.

[1] Lettres inédites.

CORRESPONDANCE

Nous croyons intéressant de publier au seuil de cette édition les notes de collège de « l'élève Guy de Maupassant » suivies de la lettre de M^{me} Caroline Flaubert. Le lecteur verra naître les aptitudes et se développer le caractère du grand écrivain.

PARIS. — LYCÉE IMPÉRIAL NAPOLÉON.
Année 1859-1860.

OBSERVATIONS.

Excellent élève dont la volonté et les efforts méritent d'être loués vivement et encouragés. Il prendra peu à peu l'habitude de notre travail et nous comptons sur des progrès certains.

INSTITUTION ECCLÉSIASTIQUE D'YVETOT.
Année 1863-1864.

OBSERVATIONS.

Conduite Régulière.
Travail Assidu.
Caractère Bon, docile et agréable, s'est
fait aimer de tout le monde.

INSTITUTION ECCLÉSIASTIQUE D'YVETOT.
Année 1866-1867.

OBSERVATIONS.

A donné satisfaction pendant le temps qu'il a passé dans la maison.

INSTITUTION ECCLÉSIASTIQUE D'YVETOT.
Année 1866-1867.

OBSERVATIONS.

Toujours bon et agréable.

MADAME CAROLINE FLAUBERT
À MADAME LAURE DE MAUPASSANT.

CHÈRE MADAME, Croisset, 3 octobre 1867.

Je ne puis trop vous dire tout le plaisir que m'a fait la visite de votre fils. C'est un charmant garçon dont vous devez être fière; il vous ressemble un peu et aussi à notre pauvre Alfred. Sa figure gaie et spirituelle est extrêmement sympathique, et son camarade m'a dit qu'il était rempli de moyens sous tous les rapports. Votre vieil ami Gustave en est enchanté et me charge de vous féliciter d'avoir un semblable enfant. Mais pourquoi ne l'avez-vous pas accompagné? Vous nous eussiez fait tant de plaisir...

Caroline FLAUBERT.

CORRESPONDANCE.

LETTRES

À GUSTAVE FLAUBERT.

Paris, ce mardi soir.

CHER MONSIEUR ET AMI,

..... Je n'ai que le temps de fermer cette lettre
et de la porter au chemin de fer pour qu'elle
parte ce soir. Je vous écrirai d'ici à quelques jours
pour causer un peu avec vous comme je le faisais
ici chaque dimanche. Nos causeries de chaque
semaine étaient devenues pour moi une habitude
et un besoin, et je ne puis résister au désir de
bavarder encore un peu par lettre. Je ne vous de-
mande pas de me répondre, bien entendu, je sais
que vous avez autre chose à faire. Pardonnez-moi
cette liberté, mais en causant avec vous, il me
semblait souvent entendre mon oncle que je n'ai

pas connu, mais dont vous et ma mère m'avez si souvent parlé et que j'aime comme si j'avais été son camarade ou son fils, puis le pauvre Bouilhet, que j'ai connu celui-là et que j'aimais bien aussi.

Il me semble voir vos réunions de Rouen. Et je regrette de n'avoir pas été avec tous ceux-là au lieu d'être avec les amis de mon âge *qui n'ont pas une idée de ce qui existe.*

Pardon pour ce griffonnage, veuillez croire à mon affection la plus dévouée et la plus vive.

GUY DE MAUPASSANT.

————

Ce lundi.

CHER MONSIEUR ET AMI,

J'ai recopié hier soir mon *Histoire du vieux temps,* j'ai fait tous les changements que vous m'aviez indiqués, et j'ai enlevé *cinq pages au commencement.*

Je l'ai lue hier à F..... qui trouvait même que j'en avais trop supprimé, disant que c'était un proverbe plutôt qu'une pièce faite suivant les règles ordinaires, que j'avais enlevé des choses qui auraient peut-être été applaudies et que, dans ce genre, l'action était généralement presque nulle, etc. Enfin, moi, je crois que les changements et suppressions que j'ai faits sont bons, qu'en pensez-vous ? elle va beaucoup plus vite ainsi.

Pourvu (si elle est acceptée?) qu'on ne m'embête pas pour le récit du comte, je ne crois pas qu'on puisse en supprimer sans le gâter tout à fait. J'y ai réfléchi et j'aurais à recommencer que je ne le ferais pas plus court.

Je vous rapporte en même temps *La Demande,* puisque vous avez été assez bon pour vous charger de les présenter ensemble. J'ai pensé qu'il était inutile de la faire recopier, puisque le manuscrit est très lisible malgré les quelques ratures que j'ai faites.

Je vous remercie mille fois pour le très grand service que vous me rendez.

Je vous serre bien affectueusement la main.

Guy de Maupassant.

———

Paris, le 17 novembre 1876.

Je voulais attendre, pour vous écrire, mon cher maître, que j'eusse quelque chose d'à peu près certain du côté de *la Nation,* car j'ai d'abord été plein d'espérance, puis de désespoir, et depuis ce matin je recommence à espérer.

Voici les faits :

Aussitôt en possession de votre lettre, j'ai été me présenter chez M. Raoul Duval qui m'a reçu avec une bienveillance extrême et m'a dit ceci : « Nous n'avons point encore de chroniqueur littéraire, faites-moi tout de suite un article d'actualité

sur un *livre nouveau*, je le ferai passer; vous m'en donnerez un second quinze jours après environ, je le ferai insérer également; puis je demanderai au Conseil d'administration de compléter la rédaction du journal en vous prenant comme critique littéraire. Vous pouvez être certain que je ferai pour cela tout ce que je pourrai, parce que vous m'êtes chaleureusement recommandé par mes meilleurs amis : G. Flaubert et les Lapierre. »

Là-dessus, je m'en vais enchanté, j'achète la correspondance de Balzac et je prépare mon article, puisqu'il ne fallait qu'une actualité.

Mais j'apprends au bout de quelques jours, que *la Nation* publie des feuilletons littéraires signés par M. Filon, l'ex-précepteur du prince impérial. Et un de ses amis m'affirme qu'il doit garder la critique des livres.

Je termine néanmoins mon article et je l'ai porté hier chez M. Raoul Duval que j'ai été voir ce matin. Il a été toujours aussi aimable, m'a fait beaucoup de compliments sur mon étude qui va passer immédiatement. Mais j'ai compris que je ne serais pas titulaire de la critique littéraire, la place a été prise probablement par M. Filon; je crois que je vais remplacer un *chroniqueur léger,* qu'on trouve trop bête, et qu'on me laisserait toute latitude sur le choix de mes articles. Dans tous les cas M. Raoul Duval paraît bien décidé à m'attacher à la rédaction de son journal. Je l'en ai vivement

remercié, mais c'est à vous surtout, mon bien cher maître, que doivent aller tous mes remerciements.

Je vous enverrai le numéro où mon article sur les lettres de Balzac paraîtra et je vous tiendrai au courant des événements qui surviendront.

Je fais en ce moment, malgré les idées de Zola sur le *Théâtre naturaliste,* un drame historique, corsé!!!!![1]

Mon cœur va bien. Ma foi, vivent les homéo-pathes. Love fait de mon cœur ce qu'il veut, l'accélère ou le ralentit quand il lui plaît.

A bientôt, mon cher maître, je vous embrasse en vous serrant les mains. Renouvelez à madame Commanville l'assurance de mes sentiments bien dévoués et respectueux et rappelez-moi au bon souvenir de son mari.

Tout à vous. GUY DE MAUPASSANT.

Revenez vite, car vous me manquez beaucoup. C'est aussi ce que me disait Zola jeudi dernier.

———

MINISTÈRE DE LA MARINE ET DES COLONIES.

Paris, ce 8 janvier 1877.

Je suis assez embarrassé pour *la Nation,* mon cher maître, et comme il se peut faire que vous

[1] *Princesse de Béthune.* Cette pièce fait partie des essais lit-téraires de jeunesse que nous ne publions pas.

G.

ayez vu R. Duval à Rouen pendant les vacances du jour de l'an, je viens vous expliquer les choses et vous demander conseil.

Lorsque M. R. Duval m'a demandé quelques articles littéraires, il s'est refusé à prendre des études longues et sérieuses comme celle que je lui proposais, et il m'a recommandé de faire *amusant.* Pour lui plaire, je lui ai donné mon article sur Balzac, qui est de la critique à l'usage des dames et des messieurs du monde, mais où il n'est pas question de littérature. Il l'a trouvé charmant et il en a parlé avec *enthousiasme* à M^{me} Lapierre, qui me l'a répété. Là-dessus, je fais un article très littéraire et très sérieux sur une question fort grosse et fort grave, l'*invasion de la Bizarrerie,* procédé des médiocres pour remplacer l'originalité qu'ils ne trouvent pas. Le livre qui me servait de prétexte pour cette étude était *Les morts bizarres,* de Jean Richepin. R. Duval m'a objecté que cela n'était point *intéressant* pour ses lecteurs, que M. Richepin n'était point digne de la réclame qui résultait toujours d'un article même ennemi (comme s'il s'agissait de Richepin !!!), etc., etc. Là-dessus, je prends la réédition du 1^{er} livre de S^{te}-Beuve sur la poésie française au xvi^e siècle et je fais un troisième article. Raoul Duval a paru l'apprécier, m'a demandé la permission de couper en deux quelques phrases, parce que dans *le journalisme il faut faire la phrase courte :* et m'a annoncé qu'il paraîtrait

prochainement. J'attends encore!!! Comme le
M. Noël qui fait la chronique dramatique dans
la Nation est au-dessous de Mallarmé comme gali-
matias, et que le journal ne peut réellement pas le
conserver, M. R. Duval m'a prié de lui faire quel-
ques critiques de pièces. J'ai pris d'abord *L'ami
Fritz*, qui est certes ce qu'on a donné de meilleur
cette année. C'est l'avis de Daudet, de Zola, de
Tourgueneff et, ce qui me suffisait, c'est le mien.
J'apprends aujourd'hui que M. R. Duval a trouvé
cette pièce imbécile, atroce, et dit à tout le monde
de n'y pas aller. Est-ce son opinion ou celle du
monde bonapartiste? Je l'ignore, toujours est-il
que mon article n'a pas dû lui plaire, quoique j'aie
fait un éloge bien modéré de cette œuvre.

Or je vois par mes yeux, je juge par ma raison
et je ne dirai point que ce qui est blanc est noir,
parce que c'est l'avis d'un autre. Je compte faire
encore un article d'épreuve pour *la Nation*, après
quoi je me tiendrai tranquille. Non seulement j'ai
dépensé 25 francs en livres et places de théâtres à
analyser, dépense dont je me serais certes abstenu,
mais j'ai perdu grandement un mois de travail, ce
qui est beaucoup plus important. Cette indécision
continue me tracasse, ces articles divers, irrégu-
liers me troublent, je ne sais encore rien, et avec
l'indécision de M. Raoul Duval et la crainte qu'il
a de sa rédaction évidemment hostile à un nou-
veau venu, il peut me faire passer ainsi tout le

printemps en me demandant des articles d'épreuve qui ne me mèneront à rien et ne sont point payés. J'ai pensé que vous vous étiez peut-être rencontrés chez Mᵐᵉ Lapierre et qu'il avait pu vous parler de moi. Je voudrais, en ce cas, savoir si j'ai quelque chance de remplacer M. Noël, sans quoi il est inutile que je continue à dépenser de l'argent et du temps pour rien. Je ne sais même quelle pièce choisir pour faire un second article, et cette critique après coup ne peut avoir aucune espèce d'originalité. Il est inutile dans tous les cas d'écrire pour moi à M. R. Duval; je vous parlerai beaucoup plus longuement de tout cela quand vous serez ici. Croyez-moi bien, cher maître, aucun journal ne me laissera faire des articles vraiment littéraires et dire ce que je pense. Je lis tous les jours *la Nation;* cette feuille est radicalement imbécile, c'est le royaume des préjugés et du convenu, toute chose nouvelle les effarouchera comme idée et comme forme. M. Noël dit bien que la chanteuse, Mˡˡᵉ Ritter, est la « personnification de la gracieuse figure de jeune fille que le compositeur (Victor Massé) a choisie pour l'encadrer de ses *perles* les plus *mélodieuses!*..... ». Je vous envoie, en outre, le feuilleton d'aujourd'hui, il est impossible d'être plus mauvais. Je vous adresse, en même temps, un article de Zola qui trouve que le *Drame scientifique* est une heureuse innovation qui mène au drame naturaliste. Cette

fois, c'est trop fort!!! Quand donc reviendrez-vous? Je suis désolé de vous voir rester si long-temps là-bas.....

..... M. Tourgueneff m'a dit hier que vous ne seriez peut-être pas ici avant la fin de février, et cela m'a rempli de tristesse. J'ai un besoin énorme de causer avec vous, j'ai le cerveau plein de choses à vous dire : je suis malade d'une trop longue continence d'esprit, comme on l'est d'une chasteté prolongée.

Il y a sur Paris, en ce moment, une atmosphère de lubricité qui m'est douce. On ne parle que des histoires de M^{me} Ch. H., du prince de Hohenlohe, et d'une autre dame qu'on ne nomme pas. Demandez à M^{me} Lapierre de vous raconter tout cela. Je travaille trop en ce moment..... Mais l'impudicité du bon public me réjouit.

Revenez vite, cher maître, je vous embrasse en attendant avec une affection toute filiale.

Votre

GUY DE MAUPASSANT.

MINISTÈRE DE LA MARINE ET DES COLONIES.

Paris, ce 10 décembre 1877.

Il y a longtemps que je veux vous écrire, mon bien-aimé maître, mais *la Politique!!...* m'a empêché de le faire. La politique m'empêche de travailler, de sortir, de penser, d'écrire. Je suis

comme les indifférents qui deviennent les plus passionnés, et comme les pacifiques qui deviennent féroces. Paris vit dans une fièvre atroce et j'ai de cette fièvre : tout est arrêté, suspendu comme avant un écroulement. J'ai fini de rire et suis en colère pour de bon. L'irritation que causent les manœuvres scélérates de ces gueux est tellement intense, continuelle, pénétrante, qu'elle vous obsède à toute heure, vous harcèle comme des piqûres de moustiques, vous poursuit...

...J'ai l'air de faire des phrases — tant pis. — Je demande la suppression des classes dirigeantes : de ce ramassis de beaux messieurs stupides qui batifolent dans les jupes de cette traînée dévote et bête qu'on appelle la bonne société.

Eh bien, je trouve maintenant que 93 a été doux, que les septembriseurs ont été cléments, que Marat est un agneau, Danton un lapin blanc et Robespierre un tourtereau. Puisque les vieilles classes dirigeantes sont aussi inintelligentes aujourd'hui qu'alors, aussi incapables de gouverner aujourd'hui qu'alors, aussi viles, trompeuses et gênantes aujourd'hui qu'alors, il faut supprimer les classes dirigeantes aujourd'hui comme alors, et noyer les beaux messieurs crétins avec les belles dames catins. O radicaux, quoique vous ayez bien souvent du petit bleu à la place de cervelle, délivrez-nous des sauveurs et des militaires qui n'ont dans la tête qu'une ritournelle et de l'eau bénite.

Voilà huit jours que je ne puis plus travailler, tant je suis exaspéré par le bourdonnement que me font aux oreilles les machinations de ces odieux cuistres.

Pourtant, j'aurai achevé de refaire mon drame (tout à fait remanié) vers le 15 janvier. Enfin je vous le soumettrai peu de temps après votre retour. J'ai fait aussi le plan d'un *roman* que je commencerai aussitôt mon drame terminé.

Et (par-dessus tout) Hugo — notre poète, — qui donne à dîner à tous les JOURNALISTES de Paris, — et qui demande à avoir auprès de lui SARCEY et VITU, lesquels ne daignent pas venir. — *On remarque leur absence et on les regrette.* — Il y avait là Albert Delpit! Cochinat! et cent inconnus que Hugo a traités de grands artistes. — Lisez son discours, du reste.

Je ne vais pas mal, malgré tout, et vous embrasse en espérant causer bientôt avec vous.

GUY DE MAUPASSANT.

Ma lettre n'a peut-être pas le sens commun. Elle vous prouvera toujours que je pense souvent à vous.

Compliments au bon Laporte. Je pense, d'après votre dernière lettre, que M^me Commanville est à Paris et je tâcherai de la voir demain.

———

Paris, ce 5 juillet 1878.

Vous me demandez des nouvelles, mon cher maître : elles sont toutes mauvaises, hélas! D'abord ma mère ne va pas bien du tout.....

...Ajoutez à cela que mon ministère m'énerve, que je ne puis travailler, que j'ai l'esprit stérile et fatigué par des additions que je fais du matin au soir, et qu'il me vient par moment des perceptions si nettes de l'inutilité de tout, de la méchanceté inconsciente de la création, du vide de l'avenir (quel qu'il soit), que je me sens venir une indifférence triste pour toutes choses et que je voudrais seulement rester tranquille, tranquille dans un coin, sans espoirs et sans embêtements.

Je vis tout à fait seul parce que les autres m'ennuient, et je m'ennuie moi-même parce que je ne puis travailler. Je trouve mes pensées médiocres et monotones, et je suis si courbaturé d'esprit que je ne puis même les exprimer. Je fais moins d'erreurs dans mes additions, ce qui prouve que je suis bien bête.

De temps en temps, je vais passer une heure ou deux chez notre bonne amie M^{me} Brainne, qui est la meilleure femme de la terre et que j'aime de tout mon cœur. Je lui raconte beaucoup d'histoires qui lui semblent, je crois, par moments un peu crues. Elle me trouve bien peu sentimental.

Elle me raconte ses rêves et je lui narre des réalités.

J'enseigne, tout bas, à d'autres belles dames que je rencontre chez elle, les arcanes de la lubricité, et je me déconsidère dans leurs cœurs parce qu'elles ne me trouvent pas assez « à genoux ».

J'ai rencontré des Indiens qui m'excitent.

Zola, propriétaire à Médan (Seine-et-Oise), s'est aperçu qu'un plancher de sa maison pliait; il en a fait lever un bout et a reconnu que les poutres étaient pourries. Alors, sans architecte, avec le conseil du maçon du pays, il les a remplacées par des poutrelles en fer. De sorte que je m'attends à voir quelque jour la maison tout entière s'écrouler. O réalistes!

Il n'a pas l'air trop triste de la disparition du *Bien Public*.

Moi, je dis chaque soir, comme saint Antoine : «Encore un jour, un jour de passé.» — Ils me semblent longs, longs et tristes; entre un collègue imbécile et un chef qui m'eng..... Je ne dis plus rien au premier; je ne réponds plus au second. Tous deux me méprisent un peu et me trouvent inintelligent, ce qui me console.

Les figures des étrangers font grimacer les rues. On sent le nègre sur le boulevard; et, de place en place, un encombrement de provinciaux vous arrête. Les chevaux de fiacre me font pitié, tant ils sont maigres. Ils ne meurent plus, ils dis-

paraissent, ils se dissipent. Il flotte dans Paris tant de bêtises venues de tous les coins du monde, qu'on en éprouve comme un accablement.

Adieu, mon cher maître, je vous embrasse en vous serrant les mains.

<div style="text-align:right">GUY DE MAUPASSANT.</div>

Rien de nouveau pour M. Bardoux.

————

MINISTÈRE DE LA MARINE ET DES COLONIES.

<div style="text-align:right">Paris, ce 3 août 1878.</div>

MON CHER MAÎTRE,

Je viens de voir notre amie Suzanne Lagier qui m'a supplié de vous écrire tout de suite pour obtenir de vous un fort coup d'épaule auprès de Zola. Elle a été à l'Ambigu, on lui a parlé du rôle de *Gervaise* dans *L'Assommoir* et elle meurt d'envie de le jouer. Elle affirme, elle jure qu'elle en fera sa plus belle création, qu'elle étonnera Paris (ce qui est possible), et que personne ne jouerait ce rôle comme elle (ce que je crois).

Elle m'a montré qu'elle était énormément maigrie de partout (c'est vrai), et m'a affirmé qu'à la scène elle aurait vingt ans. Elle est tellement emballée qu'il est possible qu'elle réussisse fort bien. Dans tous les cas, à mon avis, elle vaudrait infiniment mieux que la chanteuse Judic.

CORRESPONDANCE. CIX

Qu'en pensez-vous?

Je suis en ce moment en grande correspon-
dance avec M^me Brainne, qui prend les eaux de
Plombières. Elle m'envoie des encouragements,
des exhortations à la patience et à la gaieté. Mal-
heureusement, je n'en profite guère. Je ne com-
prends plus qu'un mot de la langue française,
parce qu'il exprime le changement, la transfor-
mation éternelle des meilleures choses et la dés-
illusion avec énergie.....

x L'amour des femmes est monotone comme
l'esprit des hommes. Je trouve que les événe-
ments ne sont pas variés, que les vices sont bien
mesquins, et qu'il n'y a pas assez de tournures de
phrases. x

Je vous serre les mains et je vous embrasse,
mon cher maître.

Donnez-moi des nouvelles de *Bouvard et Pécuchet.*

Guy de Maupassant.

———

Paris, ce 21 août 1878.

x Je ne vous écrivais point, mon cher maître,
parce que je suis complètement démoli morale-
ment. Depuis trois semaines j'essaye de travailler
tous les soirs sans avoir pu écrire une page propre.
Rien, rien. Alors je descends peu à peu dans des
noirs de tristesse et de découragement dont j'au-

rai bien du mal à sortir. Mon ministère me détruit peu à peu. Après mes sept heures de *travaux administratifs*, je ne puis plus me tendre assez pour rejeter toutes les lourdeurs qui m'accablent l'esprit. J'ai même essayé d'écrire quelques chroniques pour *le Gaulois* afin de me procurer quelques sous. Je n'ai pas pu. Je ne trouve pas une ligne et j'ai envie de pleurer sur mon papier. Ajoutez à cela que tout va mal autour de moi. Ma mère, qui est retournée à Étretat depuis deux mois environ, ne va nullement mieux. Son cœur surtout la fait beaucoup souffrir, et elle a eu des syncopes fort inquiétantes. Elle est tellement affaiblie qu'elle ne m'écrit même plus, et c'est à peine si, tous les quinze jours, je reçois un mot qu'elle dicte à son jardinier.

Elle compte toujours sur la visite de M. et M^me Commanville au commencement d'octobre et elle espère aussi que vous voudrez bien venir passer quelques jours près d'elle; cela la distrairait et lui ferait beaucoup de bien. J'attends pour demander mes quinze jours de congé que vous m'ayez répondu si vous pourrez, ainsi que M^me Commanville, être libre à cette époque.

Notre amie M^me Brainne ne s'amuse guère à Plombières. Elle m'écrit de temps en temps et je lui envoie beaucoup d'histoires qui ne sont pas toujours très convenables, mais qui, du moins, peuvent l'égayer.

Suzanne Lagier vient quelquefois me voir à mon ministère; elle met tout Paris en mouvement pour jouer Gervaise. Elle est bien farce, mais monotone, et sa personnalité de cabotine tient dans son esprit une place démesurée.

Comment se fait-il que Zola n'ait point été décoré après la promesse de M. Bardoux? La chose a fait du bruit, du reste, car tous les journaux avaient annoncé sa décoration. Je dois bientôt aller passer un dimanche chez lui, j'ai envie de voir ce qu'il me dira. Je suis sûr qu'il est très embêté. Qu'avait-il besoin de cela?

J'ai rencontré Tourgueneff quelques jours avant son départ pour la Russie et je l'ai trouvé triste et inquiet. Quelques accidents qu'il avait eus au cœur l'avaient décidé à consulter, et le médecin avait constaté une maladie du ventricule gauche. Tout le monde a donc le cœur détérioré?

Je vous embrasse de grand cœur, mon cher maître, et vous prie de m'écrire quelques mots entre deux phrases de *Bouvard et Pécuchet*.

Je vous serre encore les mains.

GUY DE MAUPASSANT.

———

Paris, ce mercredi.

MON CHER MAÎTRE,

..... Mon chef, pour l'unique raison de m'être désagréable, sans doute, vient de me donner le

plus horrible service de bureau, service que remplissait fort bien un vieil employé abruti : c'est la préparation du budget et les comptes de liquidation des ports : des chiffres, rien que des chiffres; de plus je me trouve auprès de lui, ce qui me met dans l'impossibilité de travailler pour moi, même quand j'ai une heure de répit; c'est là, je pense, le but qu'il veut atteindre.

J'ai des tristesses de tous les côtés. Ma mère va fort mal et ne se trouve même pas en état de quitter Étretat.

Je vous embrasse bien fort, mon cher maître, et vous demande pardon des embêtements que je vous donne.

GUY DE MAUPASSANT.

———

Ce 2 décembre 1878.

Zola nous a lu deux nouveaux chapitres de *Nana;* j'aime peu le second, le troisième me paraît mieux. La division du livre ne me plaît pas. Au lieu de conduire son action directement du commencement à la fin, il la divise, comme le *Nabab,* en chapitres qui forment *de véritables actes* se passant au même lieu, ne renfermant qu'un fait et, par conséquent, il évite ainsi toute espèce de transition, ce qui est plus facile. — Ainsi : 1er chapitre : *Une représentation aux Variétés.* — 2e chapitre :

L'appartement de Nana. — 3ᵉ chapitre : *Une soirée chez le comte Nupha.* — 4ᵉ chapitre : *Un souper chez Nana,* etc.

Ma mère ne va pas mieux, mais *les* médecins sont plus rassurants sur la maladie quoiqu'ils ne s'entendent pas sur le traitement à suivre.

Adieu, mon cher maître, je vous embrasse fort et vous serre les mains. Rappelez-moi au bon souvenir de Mᵐᵉ Commanville.

GUY DE MAUPASSANT.

Ce 13 janvier.

MON CHER MAÎTRE,

J'ai vu Zola hier soir et il m'a dit que vous ne viendriez pas cet hiver!

Cette nouvelle m'a tellement étonné et désolé que je vous prie de me dire tout de suite si elle est vraie. Passer l'hiver sans vous voir ne me paraît pas possible; c'est mon plus grand plaisir de l'année d'aller causer avec vous chaque dimanche pendant trois ou quatre mois et il me semble que l'été ne peut pas revenir sans que je vous aie vu. — Mᵐᵉ Commanville doit être à Paris, mais comme je ne puis quitter mon bureau avant 6 heures et demie du soir, il m'est impossible d'aller chez elle. Je ne sais trop ce que nous allons devenir. Je crois le ministère fini et j'ai peur

H

d'être oublié dans la débâcle. Je suis titularisé à 1,800 francs, mais si on ne me laisse que cela, c'est peu; d'autant plus que je ne sais vraiment pas pourquoi notre ministre ne m'a point pris plus tôt. Rien ne l'en empêchait.

Zola n'est pas décoré — à cause de l'article qu'il a écrit dans *le Figaro !!!!..* Le chef du cabinet m'a dit que le ministère ne *pouvait vraiment pas* lui donner la croix en ce moment!!!... on rêve..... En quoi un article de critique détruit-il le talent de Zola?

Du reste je vois des choses ineffables. Plus on est haut, plus on est (ou devient) imbécile. Et j'ai devant certains spectacles qui me sont donnés ici, des envies subites de crier comme si j'étais pris d'une rage de dents. Oh le beau roman sur les ministères!!... M. Bardoux qui n'est pas bête, bien loin de là, s'est entouré d'une façon étonnante et ils ont tous, comme pour la croix de Zola, des subtilités de raisonnements politiques et malins d'hommes qui dans leurs chausses à faire la joie du garçon.

La première de *l'Assommoir* aura lieu jeudi ou samedi. Zola est navré que vous ne veniez pas; il dit qu'on ne se retrouve que chez vous et qu'il va passer un hiver solitaire.

On répète ma petite pièce au 3ᵉ théâtre Français, mais je n'ai pas encore eu le temps d'aller voir une seule répétition. J'arrive ici à 9 heures et

je pars à 6 h. 1/2. Vous comprenez qu'il me reste peu de loisirs. Je me sépare de plus en plus de mon pauvre roman : j'ai peur que le cordon ombilical soit coupé. Et cependant je voudrais que le ministre restât, car je tâcherais de me faire une petite place ici. Je crois la chose fort possible. Après cela je pourrais enfin travailler *un peu* tranquille.

Notre pauvre amie M^me Brainne n'a pas de chance. Elle a en même temps une inflammation d'un œil qui l'empêche de lire et d'écrire, et une entorse! — Dites-moi vite si vous viendrez.

Je vous embrasse, mon cher maître, et vous supplie de quitter Croisset, ne serait-ce que 15 jours afin que nous puissions un peu causer. Ce monde est un désert où on ne parle même pas, faute de gens à qui on puisse rien dire.

Tout à vous,

GUY DE MAUPASSANT.

———

CABINET DU MINISTRE DE L'INSTRUCTION PUBLIQUE,
DES CULTES ET DES BEAUX-ARTS.

Ce 28 janvier 1879.

MON BIEN CHER MAÎTRE,

Le Figaro annonce que vous vous êtes cassé la jambe. Je suis plein d'angoisse et d'inquiétudes. J'écris à Pouchet qui devait être à Croisset di-

manche; mais si l'immobilité à laquelle on doit vous .condamner ne vous empêche pas d'écrire, envoyez-moi un mot, je vous prie.

Je m'efforcerai de me faire libre un dimanche (car je viens ici tous les jours maintenant) et d'aller vous voir, causer avec vous, vous apporter des nouvelles, l'air de Paris, un peu de distraction dans vos tristesses. Vraiment cela est. trop. Le ciel a donc comme les gouvernements la haine de la littérature? Que vous devez être malheureux dans votre lit, sans travailler. Je ne pense qu'à vous depuis ce matin. Quand la lourde fatalité tombe sur quelqu'un, il faut qu'elle l'écrase de toutes les façons.

Ce malheur ne fait pas que me désoler, il me révolte, parce qu'il m'a l'air d'une lâcheté de la Destinée qui, ne pouvant vous atteindre complètement en votre esprit, vous frappe en votre corps. Ne serait-il pas possible de vous faire apporter ici, où, au moins, on irait vous voir, on vous entourerait!

Je vous embrasse. bien fort, mon bien cher maître, et vous demande en grâce de m'écrire ou de me faire écrire un mot.

Votre

GUY DE MAUPASSANT.

Il m'a été impossible jusqu'ici d'aller voir M^me Commanville; j'en suis honteux et désolé,

mais j'arrive à mon bureau à 9 heures : j'en pars au plus tôt à 6 heures et demie, ce qui ne me laisse pas une minute. Naturellement je n'ai pu voir non plus Tourgueneff.

———

Paris, ce mercredi.

MON CHER MAÎTRE,

..... Ma pièce va passer dans dix jours chez Ballande. Pouvez-vous; mon cher maître, m'envoyer une lettre d'introduction pour Théodore de Banville que je voudrais prier d'y venir. Je tâche d'avoir autant de critiques que je pourrai et je tiens à celui-là, parce que la pièce est en *vers*.

J'ai vu Banville chez vous mais il ne me reconnaît pas quand je le rencontre.

Je sais par M^me Commanville que vous allez mieux. Quand vous verra-t-on? Vous ne vous imaginez pas combien j'ai envie et besoin de vous voir.

Je vous embrasse, mon bien cher maître, en vous serrant les mains.

Bien des choses à Laporte.

Votre

GUY DE MAUPASSANT.

———

Paris, le 18 février 1879.

Je ne vous écris qu'un mot en courant, mon cher maître, parce que je suis surchargé de besogne. Puis ma pièce sera jouée *demain soir* et j'ai un travail considérable de distribution de places. J'espère que ce ne sera pas mal. J'ai écrit à Daudet pour lui demander s'il pourrait venir. *Il ne m'a pas plus répondu que pour la feuille de Rose.* Je lui envoie tout de même deux fauteuils sous enveloppe.

Banville a été charmant. Il viendra. J'ai aussi Lapommeraye et *le Gaulois*. (Peut-être !!! *le Figaro.*)

..... Je vais essayer d'aller vous voir; mais je ne réponds pas de réussir......

Enfin je verrai l'état de mes finances à la fin du mois et j'espère que je pourrai aller passer un jour avec vous. J'en ai grande envie et grand besoin. Je désire aussi vous parler de vous, et vous donner, sur l'histoire Gambetta, une appréciation que je crois plus juste que les autres.

Je vous écrirai aussitôt que ma pièce aura été jouée, en attendant, je vous embrasse.

GUY DE MAUPASSANT.

26 février 1879.

. .

Ma pièce a bien réussi : mieux même que je n'aurais espéré. Lapommeraye, Banville, Claretie, ont été charmants ; *le Petit Journal* très bon, *le Gaulois* aimable, Daudet perfide : il a dit : «M. de M. a remis à la scène, sans s'en douter, les roses jaunes d'Alphonse Karr. Personne sans doute n'a oublié le sujet, le voici». Puis il fait l'analyse des roses jaunes (que je ne connaissais nullement) de façon à ce que cela ait une ressemblance absolue avec ma pièce, tandis que, d'après les renseignements que j'ai pris, les différences entre les deux sujets sont très sensibles ; il termine par quelques mots d'éloge. — Zola n'a rien dit, j'espère que c'est pour lundi. Du reste *sa bande* me lâche, ne me trouvant pas assez naturaliste ; aucun d'eux n'est venu me serrer la main après le *succès,* Zola et sa femme *ont applaudi beaucoup* et m'ont vivement félicité plus tard. — D'autres journaux en ont parlé avec éloge, je n'ai pu encore me les procurer. — M^{me} Pasca va la jouer dans le monde.

Adieu, mon cher maître, je vous embrasse bien fort et j'ai grande envie de vous voir.

Votre

G. DE M.

Paris, 24 avril 1879.

Je serai toujours, mon cher maître, une victime des ministères. Voici huit jours que je veux vous écrire, et je n'ai pas pu trouver une demi-heure pour le faire. J'ai ici des rapports très agréables avec Charmes, mon chef; nous sommes presque sur un pied d'égalité, il m'a fait donner un très beau bureau, mais je lui appartiens, il se décharge sur moi de la moitié de sa besogne, il marche et j'écris du matin au soir; je suis une chose obéissant à la sonnette électrique et, en résumé, je n'aurai pas plus de liberté qu'à la Marine. Les relations sont douces, c'est là le seul avantage; et le service est beaucoup moins ennuyeux. Et le soir de ma petite pièce Charmes me disait : « Décidément il faut que nous vous laissions du temps pour travailler et, soyez tranquille, nous vous en laisserons !!!!! » Ah bien oui!! je lui suis utile et il en abuse; c'est toujours ainsi du reste, j'ai voulu me faire bien voir de lui et j'ai trop réussi.

. .

Que dites-vous de Zola? moi je le trouve absolument fou. Avez-vous lu son article sur Hugo!! son article sur les poètes contemporains et sa brochure « la République et la littérature »? — « La république sera naturaliste ou elle ne sera pas », — « JE NE SUIS QU'UN SAVANT » — !!!! —

(rien que cela! — quelle modestie); — « l'en-
quête sociale », — le document humain, — la
série des *formules*, — on verra maintenant sur
le dos des livres « grand roman selon la formule
naturaliste ». — *Je ne suis qu'un savant!!!!!* cela est
pyramidal!!! et on ne rit pas.x...

Vous n'avez pas reçu le nouveau livre d'Hen-
nique, parce qu'il ne l'a envoyé à personne. C'est
un roman qu'il a écrit à 18 ans pour le journal l'*Ordre*
et que Dentu lui avait acheté, *il ne le montre pas.*
— Mᵐᵉ Pasca (ceci entre nous) a failli mourir de
chagrin de sa rupture avec Ricard et vous pouvez
être assuré qu'elle ne jouera pas ma pièce chez
la princesse Mathilde : elle n'a pas autre chose
en la tête que son désespoir d'amour. Nom de
Dieu, que les femmes sont bêtes! — Zola m'a
chargé de vous dire qu'il vous attendait avec im-
patience pour donner le dîner qu'il a promis pour
la 50ᵉ édition de l'*Assommoir;* il espère que vous
serez ici dans les tout premiers jours de mai, parce
qu'il compte partir immédiatement après; il a
retardé son départ pour cela. — Les Charpentier
descendent dans des profondeurs de stupidité pro-
digieuses, la femme est encore plus étonnante
que l'homme.

Je vous attends avec impatience, je m'embête,
je suis un peu souffrant, le sang circule mal, et
les MÉDECINS ne peuvent que répéter leur éternelle
phrase : « de l'exercice, faites de l'exercice ». Je

n'ai pas le temps de travailler, ce qui me rend fort grincheux. Adieu, mon cher maître, je vous embrasse filialement.

A vous, G. DE M.

CABINET DU MINISTRE DE L'INSTRUCTION PUBLIQUE,
DES CULTES ET DES BEAUX-ARTS.

Ce 26 décembre.

J'ai été fort bousculé ces jours-ci, mon bien cher maître, et je n'ai pu encore vous écrire. Enfin je suis installé dans un beau bureau sur des jardins, mais je trouve que ça sent le provisoire.....

Par exemple, pour du temps je n'en ai pas. J'arrive à 9 heures du matin et je pars à 6 h. 1/2 du soir. Je sors deux heures dans le jour pour déjeuner. Mais cela n'est qu'un moment à passer et je serai fort libre quand je rentrerai dans l'administration.

Je jouis d'une haute considération. Les directeurs me traitent avec déférence et les chefs de bureau m'adorent. Le reste me regarde de loin. Mes collègues posent. Ils me croient, je crois, trop simple.

Je vois des choses farces, farces, farces, et d'autres qui sont tristes, tristes, tristes ; en somme, tout le monde est bête, bête, bête, ici comme ailleurs.

Une chose me gêne, j'ai déplu au lampiste, qui

n'a pas voulu me donner de lampe. Si cela continue, j'en rendrai compte au chef du cabinet.

J'ai été de nouveau à la *Librairie nouvelle*. M. Achille n'a pu se procurer nulle part le *Bien et le mal des femmes*. C'est tout à fait épuisé.

Et Zola!..... Cet article-là quinze jours avant l'*Assommoir!* La jolie presse qu'il aura!! Ballande va jouer en matinée (quand? je l'ignore) mon *Histoire du vieux temps*. — C'est toujours ça; malheureusement ça ne rapporte rien les matinées.

Détail embêtant. Au cabinet du ministre on vient tous les dimanches jusqu'à midi. Je crois que j'aurai cependant du temps pour travailler, la besogne de la maison ira vite quand j'y serai accoutumé, elle n'est pas difficile.

Je vous embrasse tendrement, mon cher maître, en vous remerciant, et je vous prie de présenter à M^me Commanville mes compliments respectueux et dévoués.

<div style="text-align:right">Guy de Maupassant.</div>

CABINET DU MINISTRE DE L'INSTRUCTION PUBLIQUE,
DES CULTES ET DES BEAUX-ARTS.

Mon cher Maître, Ce lundi.

..... C'est aujourd'hui que le ministère doit tomber. Je n'ai pas de chance.

L'*Assommoir* est un succès!

Par exemple c'est interminable et pas très mordant. Mais les décors sont superbes et il y a des scènes bien venues. Le *delirium tremens* fait évanouir les femmes. On ira voir. La *première* a été fort bonne. Quelques murmures ébauchés ont été arrêtés par trois salves d'applaudissements. Je crois que la pièce tiendra longtemps.

Je vous embrasse, mon cher maître, et vous prie de venir le plus tôt possible.

GUY DE MAUPASSANT.

A l'obligeance de M^me Commanville, aujourd'hui M^me Franklin Grout, nièce de Gustave Flaubert, nous devons communication des LETTRES À GUSTAVE FLAUBERT.

LETTRES

À SA MÈRE ET À SES AMIS.

Yvetot, ce 2 mai 1864.

CHÈRE MAMAN,

On ne donnera les places que cet après-midi, et je commence ma lettre ce matin.

Je viens d'apprendre qu'on ne donnera les places que demain mardi, parce que M. le Supérieur est à Rouen aujourd'hui. Nous n'avons plus une seule rougeole. Je désespère pour mon RACINE; je croyais que nous avions encore au moins cinq compositions en thème latin, et il n'y en a plus qu'une, et deux en grec. Je ne comprends rien à cette malheureuse langue. Donc, je n'espère rien de bien pour le grec. Quant à la composition en version, dont on donnera les places demain, je crois être bien. Nous ne composerons plus maintenant avant près de 3 semaines. Je ne t'écrirai plus avant la sortie. Ainsi donc,

entendons-nous pour cela, tu sais que nous ne rentrons qu'à 7 heures du soir. Si Germer est revenu, tu pourras venir avec ma tante, qui compte venir en voiture, et ainsi partir le plus tard possible sans être fixée par le train, ni obligée de coucher ici. Écris-moi pour me dire quelle est ta résolution. Que vas-tu faire?

Eh bien, voici de la pluie; il y a assez longtemps que nous la demandons. Je voudrais savoir quand commence l'été d'après le calendrier.

Comment va Henri? a-t-il toujours ses camarades? Sais-tu si Germer va bientôt revenir? va-t-il mieux? Il a eu des vacances assez longues, j'espère; il n'a pas à se plaindre.

Tu diras que j'en parle bien longtemps d'avance, mais si cela ne te faisait rien, au lieu du bal que tu m'as promis au commencement des grandes vacances, je te demanderai un petit dîner, ou bien seulement, toujours si cela ne te faisait rien, de me donner seulement la moitié de l'argent que t'aurait coûté le bal, parce que cela m'avancera toujours pour pouvoir acheter un bateau. Et c'est l'unique pensée que j'ai depuis la rentrée, non seulement depuis la rentrée de Pâques, mais aussi depuis la rentrée des grandes vacances. Je ne veux pas acheter des bateaux que l'on vend aux Parisiens, cela ne vaut rien, mais j'irai chez un douanier que je connais et il me vendra un bateau comme ceux qui sont dans l'église, c'est-à-dire un

bateau-pêcheur tout rond dessous. Si je n'ai pas de prix, j'espère au moins avoir un accessit.

Je n'ai plus le temps de continuer ma lettre aujourd'hui, chère maman; à demain.

Ce mardi.

Je suis 2ᵉ en version latine. Tu vois que me voici revenu entre les 1ᵉʳˢ; j'ai manqué être premier : ma composition a été à 2 professeurs avec celle du 1ᵉʳ. Mais je suis 2ᵉ, cela fait 30 sous que tu me dois, et bonne maman 30. Cela me donne 3 francs. Mais il n'y a plus qu'une composition en latin, je ne pourrai pas gagner mon RACINE, mais si j'ai un ou deux accessit (*sic*), voudras-tu me le donner ?

Adieu, chère maman, je t'embrasse très fort. Embrasse bien Hervé pour moi.

Ton fils,
GUY DE MAUPASSANT.

À SA MÈRE. 1870.

Je t'ai envoyé le conducteur de la voiture du Havre pour te donner de mes nouvelles, chère mère. Mais, dans la crainte qu'il n'y aille pas, je t'envoie un mot.

Je me suis sauvé avec notre armée en déroute; j'ai failli être pris. J'ai passé de l'avant-garde à l'arrière-garde pour porter un ordre de l'intendant

au général. J'ai fait *15 lieues à pied*. Après avoir marché et couru toute la nuit précédente pour des ordres, j'ai couché sur la pierre dans une cave glaciale; sans mes bonnes jambes, j'étais pris. *Je vais très bien.*

Adieu. Plus amples détails demain. Je t'embrasse de tout cœur, ainsi qu'Hervé. Compliments à tout le monde; bien des choses à Josèphe.

<div style="text-align:right">Ton fils,
Guy de Maupassant.</div>

À SA MÈRE.

<div style="text-align:right">Paris, ce samedi [1870].</div>

Je t'écrirai encore quelques mots aujourd'hui, chère mère, parce que d'ici à deux jours les communications seront interrompues entre Paris et le reste de la France. Les Prussiens arrivent sur nous à marche forcée. Quant à l'issue de la guerre, elle n'offre plus de doute, les Prussiens sont perdus, ils le sentent très bien du reste et leur seul espoir est d'enlever Paris d'un coup de main, mais nous sommes prêts ici à les recevoir.

Quant à moi, je ne couche pas encore à Vincennes et je ne me presse pas d'y avoir un lit, j'aime mieux être à Paris pour le siège que dans le vieux fort, où nous sommes logés là-bas, lequel vieux fort sera abattu à coups de canon par les Prussiens. Mon père est aux abois, il veut abso-

lument me faire entrer dans l'Intendance de Paris, — et il me fait les recommandations les plus drôles pour éviter les accidents. — Si je l'écoutais, je demanderais la place de gardien du grand égout collecteur pour ne pas recevoir de bombes. Robert va se trouver au premier feu à Saint-Maur. Les mobiles ont le chassepot, ils font bonne contenance. Médrinal m'a écrit pour que je lui prête mon Lefaucheux, je vais lui répondre que je l'ai promis à mon cousin Germer. M^{me} Denisane m'a offert hier une place à l'Opéra, j'ai été entendre la *Muette,* c'est très joli.

Faure-Dujarric, qui est très lié avec l'intendant général, s'est mis tout à ma disposition pour me caser le plus agréablement possible, il a été trouver l'intendant et il y retourne demain, car la vie de caserne est bien ennuyeuse, je serai bien mieux dans les bureaux ou au camp, mais on n'y verra plus personne, les communications avec l'armée étant devenues très difficiles.

Adieu, chère mère, je t'embrasse de tout cœur, ainsi qu'Hervé. Bien des choses à Josèphe. Mon père te serre la main.

Ton fils,
Guy de Maupassant.

Je m'embête abominablement! Quand je serai repris à l'Intendance il fera beau temps! Médrinal peut prendre l'autre fusil.

———

À SA MÈRE.

24 septembre 1873.

Tu vois que je ne tarde pas à t'écrire, mais en vérité je ne puis attendre plus longtemps. Je me trouve si perdu, si isolé, et si *démoralisé* que je suis obligé de venir te demander quelques bonnes pages. J'ai peur de l'hiver qui vient, je me sens seul, et mes longues soirées de solitude sont quelquefois terribles. J'éprouve souvent, quand je me trouve seul devant ma table avec ma triste lampe qui brûle devant moi, des moments de détresse si complets que je ne sais plus à qui me jeter. Et je me disais souvent dans ces moments-là, l'hiver dernier, que tu devais avoir aussi d'affreuses tristesses pendant les longues et froides soirées de décembre et de janvier. J'ai repris ma vie monotone, en voici pour 3 mois. L. F. ne peut pas dîner avec moi ce soir; il dîne en ville, cela m'ennuie, nous aurions pu causer un peu ensemble... J'ai écrit tout à l'heure, pour me distraire un peu, quelque chose dans le genre des *Contes du Lundi*. Je te l'envoie, cela n'a naturellement aucune prétention, puisque je l'ai écrit en un quart d'heure. Je te prierai cependant de me le renvoyer, parce que je pourrai en faire quelque chose. Il y a plusieurs phrases peu correctes, mais je corrigerai cela quand je m'en servirai. Je voudrais bien me trouver reporté quinze jours

en arrière, c'est décidément bien court, on n'a pas le temps de se voir et de causer et une fois la vacance finie, on se dit : «Mais comment cela s'est-il fait? Je suis à peine arrivé, je n'ai encore causé avec personne. »

Adieu, ma chère mère, je t'embrasse mille et mille fois, ainsi qu'Hervé.

Ton fils,

GUY DE MAUPASSANT.

———————

À SA MÈRE.

MINISTÈRE DE LA MARINE ET DES COLONIES.

Paris, ce 30 octobre 1874.

. .

Essaie de me trouver des sujets de nouvelles. Dans le jour, au ministère, je pourrais y travailler un peu. Car mes pièces me prennent toutes mes soirées, et j'essaierai de les faire passer dans un journal quelconque.

. .

Quelques détails sur notre famille, trouvés dans les vieux papiers que je lis en ce moment. Voici les titres de J.-B^{te} de Maupassant : Écuyer, Conseiller secrétaire du Roi, du G^{d} Collège, Maison, Couronne de France et de ses Finances, Noble du S^{t} Empire, Doyen de l'Ancien Conseil de feu Sa Majesté Imp^{le} en France, Doyen du

I.

Conseil de feu S. A. M^{gr} le Prince de Condé et
Conseil particulier de S. A. Sérénissime M^{gr} Louis
de Bourbon, Comte de Clermont, prince du sang.

Sa femme, dont nous avons le portrait, était
Marie-Anne de La Marche. Son fils *Louis-Camille*
de Maupassant eut pour parrain Louis de Gand
de Mérodes de Montmorency, et pour marraine,
Marguerite Camille de Grimaldy de Monaco.
Son mariage avec M^{lle} d'Avignon, belle-sœur du
Marquis d'Aligre, se fit en présence et de l'agré-
ment de très haut, très puissant et très excellent
Prince M^{gr} Louis de Bourbon, Comte de Cler-
mont, Prince de sang, et de très haut et très puis-
sant Seigneur M^{gr} le Marquis d'Aligre, Président
du Parlement. Alliés par mariage : les de Bar,
Claude-Denis Dorat de Chameubles, comman-
deur de l'Ordre de Saint-Lazare, Texier de Mon-
tainville de Briqueville, et Jacques-Gabriel Bazin,
marquis de Beszons, l^t g^l des armées du Roi, le
Marquis de Courtavel, etc.

> Ton fils,
> GUY DE MAUPASSANT.

À SA MÈRE.
29 novembre 1874.

. .

Je vais faire présenter mon *Histoire du Vieux
Temps* à l'Odéon, par Raymond Deslandes, en

suppliant qu'on ne me la garde pas trop long-
temps, pour pouvoir la présenter au concours
de la Gaîté.....

————

Paris, jeudi, 29 juillet 1875.

MA CHÈRE MÈRE,

Voici enfin le beau temps revenu et j'espère
que cela va te faire louer ta maison. Il fait au-
jourd'hui une chaleur terrible, et les derniers Pa-
risiens vont très certainement se sauver. Quant à
moi, je canote, je me baigne, je me baigne et je
canote. Les rats et les grenouilles ont tellement
l'habitude de me voir passer à toute heure de la
nuit avec ma lanterne à l'avant de mon canot
qu'ils viennent me souhaiter le bonsoir. Je ma-
nœuvre m'on gros bateau comme un autre ma-
nœuvrerait une yole, et les canotiers de mes amis
qui demeurent à Bougival (2 lieues 1/2 de Bezons)
sont supercoquentieusement émerveillés quand
je viens vers minuit leur demander un verre
de rhum. Je travaille toujours à mes scènes de
canotage dont je t'ai parlé, et je crois que je
pourrai faire un petit livre assez amusant et vrai
en choisissant les meilleures des histoires de ca-
notiers que je connais, en les augmentant, bro-
dant, etc.

Ton fils,
GUY DE MAUPASSANT.

————

Ce mercredi.

MA CHÈRE MÈRE,

. .

Je vais te raconter maintenant une aventure qui m'est arrivée l'autre jour. Comme je passais rue N.-D. de Lorette, j'ai aperçu un attroupement, je me suis approché. C'était à cause d'un homme du peuple qui frappait avec fureur un enfant d'une dizaine d'années. La colère m'a pris, j'ai empoigné l'homme au collet et je l'ai conduit au poste de la rue Bréda. Là, les sergents de ville, après s'être assurés que l'enfant était son fils, m'ont laissé entendre que je me mêlais de ce qui ne me regardait pas, qu'un père avait bien le droit de corriger son fils si l'enfant était indocile — et je suis parti avec ma veste — et sais-tu pourquoi cela? Parce que si on avait donné suite à l'affaire, il aurait fallu mettre dans le rapport que l'homme avait été arrêté par un bourgeois et que le commissaire aurait flanqué un suif aux agents de service dans la rue N.-D. de Lorette pour ne s'être pas trouvés là au moment de l'affaire.....

Ton fils,
GUY.

8 mars 1875.

MA CHÈRE MÈRE,

. .

Nous allons, quelques amis et moi, jouer dans l'atelier de Leloir une pièce *absolument lubrique* où assisteront Flaubert et Tourgueneff.

Inutile de dire que cette œuvre est de nous. En fait d'œuvre, voici une pièce de vers que j'ai faite dernièrement.

SOMMATION RESPECTUEUSE.

Je connaissais fort peu votre mari, madame;
Il était bête et laid, je n'en savais pas plus;
Mais on n'est pas fâché, quand on aime une femme,
Que le mari soit borgne, ou bancal, ou perclus.

Je sentais que cet être inoffensif et bête
Se trouvait trop petit pour être dangereux,
Qu'il pouvait demeurer debout entre nous deux,
Que nous nous aimerions au-dessus de sa tête.

Que m'importait, d'ailleurs. Mais un jour, contre moi,
Vous avez fait surgir ce grotesque bonhomme;
Vous parlez de mari, de devoirs, et de loi;
Quel époux avez-vous et quel devoir en somme?

Il est votre mari! De quel droit, s'il vous plaît?...
De par l'autorité. L'Église et votre mère.
Parents et loi, madame, et le prêtre et le maire
N'ont pas le droit d'unir la plus belle au plus laid.

Car Dieu donne à chacun celle qui lui ressemble,
Dieu protège et bénit les amours assortis,
Les hommes, de ses mains, par couples sont sortis;
Il les fait l'un pour l'autre et dit : «Vivez ensemble!»

Dieu qui créa l'esprit pour aimer la Beauté,
Dieu qui ne comprend pas qu'on discute et calcule
Le plus ou moins d'argent par la dot apporté,
N'avait point fait pour vous ce magot ridicule.

Quoi, pourriez-vous avoir un instant de remords ?
Est-ce qu'on peut tromper cet avorton bonasse,
Eunuque, je suppose, et d'esprit et de corps,
Que le ciel, par dégoût, jeta seul de sa race.

Oui, quand Dieu contempla ce burlesque portrait,
Il rit et, par dédain, il lui permit de naître,
Mais le voyant si laid sur terre, il eut regret
Et n'osa pas créer de femme pour cet être.

Vous n'êtes pas la sienne... infâme préjugé !
Vous n'êtes pas liée à cet homme factice
Que le ciel destina, dans sa grande justice,
Pour les noirs du sérail ou les noirs du clergé.

Soufflez, gonflez de vent ce gendarme en baudruche,
Puéril épouvantail que sur l'amour on juche
Comme on met sur un arbre un mannequin de bois
Dont les oiseaux n'ont peur que la première fois.

Entre mes bras bientôt je vous aurai saisie;
Nous allons l'un vers l'autre irrésistiblement;
Qu'il reste entre nous deux ce bonhomme vessie,
Nous le ferons crever dans un embrassement.

Adieu, ma chère mère. Je t'embrasse de tout cœur, ainsi qu'Hervé; bien des choses à tout le monde; compliments à Josèphe.

<div style="text-align:right">Ton fils,
GUY DE MAUPASSANT.</div>

À SA MÈRE.

Paris, ce 20 septembre 1875.
Ce lundi.

J'ai reçu ta lettre ce matin, ma chère mère, et, comme j'ai aujourd'hui quelques minutes de liberté, j'y réponds de suite.

Je vais d'abord te raconter ma journée d'hier, d'autant plus que j'ai fait une excursion *des plus remarquables.*

Je suis parti samedi soir par le chemin de fer de Limours, et j'ai pris mon billet pour Saint-Rémy, village situé à 8 lieues de Paris et près de Chevreuse. J'avais avec moi un seul camarade, M....., un peintre et marcheur intrépide. De Saint-Rémy nous gagnons Chevreuse où nous dînons, après quoi nous faisons un tour le long..... le long de l'Yvette, qui nous paraît fort jolie, et nous nous couchons. Hier, à 5 heures du matin, nous étions debout. Nous allons d'abord visiter les ruines du château de Chevreuse, qui sont pittoresques et bien placées sur une hauteur dominant la vallée; puis (pardon du détail) nous achetons du saucisson, du jambon, 2 livres de pain, du fromage et un verre, et nous nous mettons en route. La vallée est jolie, avec des points de vue ravissants et une puissance de végétation remarquable, mais cependant j'avouerai que j'attendais mieux. Nous nous dirigeons ensuite vers Cernay, dont on m'avait beaucoup vanté les

vaux remplis de cascatelles. J'ai vu en route une chose qui m'a fait croire que j'étais près du Paradou.

Un parc, ou plutôt un chaos de verdure immense où on ne distinguait pas une éclaircie, pas un point de vue ménagé : une infranchissable muraille de feuilles. Nous avons suivi *le mur d'enceinte pendant 5 kilomètres* et nous n'en apercevions pas le bout, et comme nous demandions à une vieille à qui appartenait cette merveilleuse propriété, elle nous a répondu d'un air rogue et indigné : « Tout le monde sait, Monsieur, que c'est la propriété du duc de Luynes. » Notre demande était pourtant naturelle; nous nous savions à 6 kilomètres du château de Dampierre, le parc a donc 6 kilomètres de large ! ! ! et une longueur ? Nous arrivons ensuite à Cernay et nous descendons dans la vallée; là j'ai été véritablement ébloui par la merveilleuse beauté du paysage : j'apercevais devant moi une adorable petite vallée dont tout le fond était un étang planté de roseaux. Nous descendons dans les bois et nous touchons aux cascatelles. Je doute que les fameux jardins de Frascati, dont tu m'as si souvent parlé, soient aussi beaux que cette vallée : figure-toi d'abord un bois avec des chênes d'une grosseur et d'une hauteur improbables, sur nos têtes une voûte de feuilles, autour de nous des roches rouges et grises, grosses comme des maisons, et une rivière sautant de rocher, courant à droite et à gauche; j'ai pensé à certaines descrip-

tions de la *Jérusalem Délivrée*. Nous avons ensuite continué notre chemin le long des étangs que nous avons suivis pendant 3 lieues au milieu d'un paysage féerique, suivant le pied d'un coteau boisé où les arbres s'interrompaient tout à coup pour faire place à ces immenses rochers gris qui perçaient la terre de tous côtés. Une seule chose nous troublait, c'était la quantité prodigieuse de reptiles qui fuyaient devant nous. Pendant près de deux heures nous n'avons pas vu une maison, pas rencontré un habitant; nous allions à la découverte, et nous avons été obligés de boire de l'eau à la rivière en mangeant notre frugal déjeuner. On nous a dit ensuite que personne ne visitait cette vallée à cause de la difficulté d'accès : il faut être marcheur enragé pour aller jusqu'au bout. Le dernier étang, plus petit que les autres, est entouré d'un rideau de sapins : il est aussi sombre et désolé que les autres sont gais et riants. Nous arrivons ensuite à Fargis. De là, nous allons à Trappes par une affreuse grand'route, et nous allons voir l'étang de Saint-Quentin. Ça c'est autre chose. Figure-toi une immense plaine, une nappe d'eau dont nous n'avons pas vu les bouts (elle a 5 kilomètres de long, des roseaux sur les bords, au milieu des centaines de poules d'eau, et sur la berge des douzaines de chasseurs. Les poules d'eau regardent les chasseurs, les chasseurs regardent les poules d'eau, et on attend. De minute

en minute un coup de fusil, c'est pour quelque malheureuse poule qui s'est aventurée trop près des bords ; immédiatement un gamin se met à l'eau et rapporte la victime.

Nous avons gagné Versailles, puis Port-Marly, enfin Chatou à 9 h. 1/2, et nous avons retrouvé là nos amis. Nous marchions depuis 5 heures du matin et nous avions fait *15 lieues,* ou si tu aimes mieux 60 kilomètres, environ **70.000 pas**!!! Nos pieds étaient en marmelade.

Pendant toute cette journée, j'étais poursuivi par une idée fixe, j'avais chaud, j'étais couvert de poussière et je me disais : comme un bain de mer me serait agréable. Pendant la seule partie laide de notre promenade, c'est-à-dire de Fargis à Trappes, nous avons été poursuivis par une pluie battante. Il avait fait beau jusque-là ; nous avons eu ensuite beau temps jusqu'à 7 heures du soir et alors une nouvelle averse. Aujourd'hui le temps est à peu près remis et il fait très chaud. Je crois que l'été sera bientôt au mois de décembre et l'hiver au mois de juillet. On pourra probablement cette année prendre des bains de mer jusqu'à la fin d'octobre. Y a-t-il encore beaucoup de monde à Étretat ? C'est moi qui n'apprécierais pas du tout un souper au clair de la lune sur le galet d'Antifer. Oh ! non, mais non..... Ton fils,

GUY DE MAUPASSANT.

À SA MÈRE.

Paris, ce 6 octobre 1875.

Je m'imagine que tu dois te trouver bien isolée, ma chère mère, et l'hiver qu'on annonce devoir être très dur m'épouvante beaucoup pour toi.

Si seulement nous étions au mois de janvier, le cap terrible serait doublé; quand les jours s'allongent, pour moi, on est sauvé. C'est décembre qui me terrifie, le mois noir, le mois sinistre, le mois profond, le minuit de l'année. On nous a déjà donné des lampes au ministère, dans un mois nous ferons du feu. Je voudrais bien être au jour où on l'éteindra.

J'ai été l'autre jour pour voir si Flaubert était revenu, et j'ai appris qu'il n'habitait plus rue Murillo, mais faubourg Saint-Honoré, 240. Je me suis rendu à cette nouvelle adresse, et là on n'a pas pu me dire quand il viendrait. Comme je sais par L..... que Louis a été à Croisset l'autre jour et qu'Émile a répondu que M. Flaubert n'était pas à Croisset et qu'il ignorait où il se trouvait, je crains qu'il soit malade et que pour cette raison, il ait refusé de recevoir Louis et Leloir.

. .

Maintenant, je te prie aussi d'aller à la mairie prier M. E..... de me faire savoir de suite les renseignements suivants demandés par le Ministère de la guerre. Comme j'étais parti avant le

tirage au sort (classe 1870) le maire d'Étretat a évidemment tiré pour moi; par suite, dans quelle subdivision de région a eu lieu le tirage au sort? Quel était mon numéro du registre matricule? Il m'est arrivé hier soir un petit accident qui aurait pu avoir des suites, mais qui heureusement n'a rien été, en me penchant trop près d'une bougie j'ai mis le feu à ma barbe : j'ai arrêté de suite l'*incendie* avec ma main, mais tout un côté était flambé et il a fallu me raser ce qui m'ennuie beaucoup, car je vais avoir l'ennui de la laisser repousser et c'est bien incommode et bien laid pendant les trois premiers mois.

Je ne sais absolument de quelle façon arranger mon chapitre de la bonne et du singe dans *Héraclius*[1] et je suis très embarrassé. Je commence ma comédie *Une répétition* et aussitôt qu'elle sera finie je ferai en même temps que mes nouvelles de canotage une série de nouvelles intitulée : *Grandes misères des petites gens.* J'ai déjà 6 sujets que je crois très bons. Par exemple ce n'est pas gai. Adieu, ma chère mère, je t'embrasse de tout cœur. Bien des choses à tout le monde.

Ton fils,
GUY DE MAUPASSANT.

[1] *Héraclius* est une longue nouvelle dont nous avons lu le manuscrit; elle fait partie des essais de jeunesse que nous ne publions pas.

————

À ÉMILE ZOLA.

MINISTÈRE DE L'INSTRUCTION PUBLIQUE ET DES BEAUX-ARTS.
Secrétariat. — 1ᵉʳ bureau.

CHER MAÎTRE ET AMI,

Je viens vous demander un service que vous m'avez, du reste, promis le premier : c'est de dire quelques mots de mon volume de vers dans votre feuilleton du *Voltaire*. J'ai eu un article au *Globe*, un au *National*, de Banville, deux citations fort élogieuses au *Temps*, un article excellent au *Sémaphore* de Marseille, un autre dans la *Revue politique et littéraire*, des citations aimables dans le *Petit Journal*, le *XIXᵉ Siècle*, etc. et, hier soir, une conférence de Sarcey.

La vente va bien, du reste, et la première édition est presque épuisée, mais j'aurais besoin d'un bon coup d'épaule pour enlever les 200 exemplaires qui restent. La deuxième édition est prête.

Laffitte m'a demandé une nouvelle que je lui fais. — J'ai refusé de fixer le prix, voulant vous consulter à ce sujet. Je viens, en outre, d'entrer au *Gaulois* ainsi que Huysmans. Nous donnerons chacun un article par semaine et nous toucherons 500 francs par mois.

Je ne saurais vous dire combien je pense à Flaubert, il me hante et me poursuit. Sa pensée

me revient sans cesse, j'entends sa voix, je retrouve ses gestes, je le vois à tout moment debout devant moi avec sa grande robe brune, et ses bras levés en parlant. C'est comme une solitude qui s'est faite autour de moi, le commencement des horribles séparations qui se continueront maintenant d'année en année, emportant tous les gens qu'on aime, ou qui sont nos souvenirs, avec qui nous pouvions le mieux causer des choses intimes. Ces coups-là nous meurtrissent l'esprit et nous laissent une douleur permanente dans toutes nos pensées.

Adieu, mon cher maître et ami, croyez à mes sentiments bien affectueux et bien dévoués et présentez, je vous prie, à M^{me} Zola mes compliments empressés, respectueux.

<div align="right">GUY DE MAUPASSANT.</div>

<div align="right">Étretat, ce mardi. [Janvier 1881.]</div>

MA BIEN CHÈRE MÈRE,

Je t'écris sur un coin de table dans notre petit salon. Les deux chiens fort maigres, mais gais et bien portants, sont couchés à mes pieds, Matho me dérange sans cesse en se frottant contre ma jambe. Daphné est tout à fait guérie.

Quant à moi je me mouche, j'éternue, envahi par un affreux rhume de cerveau, car j'ai voyagé

toute la nuit par un froid de cinq degrés, et je ne peux pas m'échauffer dans notre maison glacée. Le vent froid souffle sous les portes, la lampe agonise, et le feu vif m'éclaire, un feu qui grille la figure et n'échauffe pas l'appartement. Tous les objets anciens sont autour de moi, mornes, navrants, aucun bruit ne vient du village mort sous l'hiver. On n'entend pas la mer.

J'ai froid plus encore de la solitude de la vie que de la solitude de la maison.

Je sens cet immense égarement de tous les êtres, le poids du vide. Et au milieu de cette débandade de tout, mon cerveau fonctionne lucide, exact, m'éblouissant avec le Rien éternel. Cela a l'air d'une phrase du père Hugo : mais il me faudrait beaucoup de temps pour rendre mon idée claire dans un langage précis. Ce qui me prouve une fois de plus que l'emphase romantique tient à l'absence de travail.

Il fait très froid tout de même et il fait lamentable.

. .

Je ferme celle-ci bien vite, car la poste part à 6 heures, la terre étant couverte de neige.

Pourvu que je ne sois pas bloqué ici.

Adieu, ma bien chère mère, je t'embrasse bien tendrement et longtemps de tout mon cœur.

<div style="text-align:right">

Ton fils,
GUY DE MAUPASSANT.

</div>

J'ai presque fini ma nouvelle sur les femmes de bordel à la première communion. Je crois que c'est au moins égal à *Boule de Suif,* sinon supérieur.

À SA MÈRE.

Saïda, vendredi. [Août 1881.]

Toujours un seul mot, ma bien chère mère, rien que pour te donner de mes nouvelles qui sont excellentes. Je viens de pousser une pointe jusqu'aux chotts sans avoir rencontré aucun Bou-Amama. Je pars dans une heure pour Alger où je vais enfin trouver des lettres et des journaux, car je n'ai rien reçu depuis mon départ de cette ville. Je supporte admirablement la chaleur. Et je t'assure qu'elle était raide sur les hauts plateaux. Nous avons voyagé un jour entier avec le siroco qui nous soufflait du feu dans la figure. On ne pouvait plus toucher aux canons de nos fusils qui nous brûlaient les mains. Sous toutes les pierres on trouvait des scorpions. Nous avons rencontré des chacals, et des chameaux morts que dépeçaient des vautours.

Un officier de zouaves dont nous avons rencontré le détachement en plein désert m'a dit que Zola avait fait un article sur moi dans *le Figaro.*

À MADAME LECOMTE DU NOUY[1].

Hôtel de Catane; Ragusa, 15 mai 1884.

CHÈRE MADAME ET AMIE,

Je veux chaque jour vous écrire pour vous demander des nouvelles et de vous et de votre famille; et puis le voyage prend toutes mes minutes. Je me lève à quatre ou cinq heures du matin, et puis je roule en voiture et je marche sur mes jambes. Je vois des monuments, des montagnes, des villes, des ruines, des temples grecs étonnants en des paysages bizarres, et puis des volcans, de petits volcans qui crachent de la boue, et de grands volcans qui crachent du feu. Je vais partir dans une heure pour faire l'ascension de l'Etna. Comment allez-vous? votre mari est-il près de vous en ce moment? comment vont votre fils? votre mère? votre frère? Votre père est-il revenu?

Je pense que je rentrerai à Paris dans quinze jours ou vingt jours. Et puis j'irai un peu à Étretat, et puis en Auvergne, à Châtel-Guyon, car mon estomac ne va guère et mes yeux ne vont pas du tout. Quant à mon cœur, il marche avec une régu-

[1] A l'obligeance de M^{me} Lecomte du Nouy, nous devons communication de la plupart des lettres que nous publions.

J.

larité d'horloge et je grimpe les montagnes sans
le sentir une seconde. ✗

Écrivez-moi donc un mot à Rome, où je serai
dans quelques jours chez le comte Primoli Pa-
lazzo Primoli, via Torre di Nina.

Je vous baise les mains, chère Madame et
amie, en me rappelant au bon souvenir de tous
les vôtres.

GUY DE MAUPASSANT.

À MADAME LECOMTE DU NOUY.

Antibes, 2 mars 1886.

MADAME ET CHÈRE AMIE,

Que vous dirai-je d'ici? Je navigue, et je
travaille surtout. Je fais une histoire de passion
très exaltée, très alerte, et très poétique. Ça me
change — et m'embarrasse. Les chapitres de sen-
timents sont beaucoup plus raturés que les autres.
Enfin ça vient tout de même; on se plie à tout
avec de la patience ✗ mais je ris souvent des idées
sentimentales, très sentimentales et tendres, que
je trouve, en cherchant bien! J'ai peur que ça me
convertisse au genre amoureux, pas seulement
dans les livres, mais aussi dans la vie; quand l'es-
prit prend un pli, il le garde, et vraiment il m'ar-
rive quelquefois en me promenant sur le cap

d'Antibes, un cap solitaire comme une lande en Bretagne, en préparant un chapitre poétique au clair de lune, de m'imaginer que ces aventures-là ne sont pas si bêtes qu'on le croirait.

Je vais assez souvent à Cannes, qui est aujourd'hui une cour ou plutôt une basse-cour de Rois. — Rien que des Altesses et Tout ça règne dans les Salons de leurs nobles sujets. Moi je ne veux plus rencontrer un prince, plus un seul, parce que je n'aime pas rester debout des soirées entières, et ces rustres-là ne s'asseyant jamais, laissent non seulement les hommes, mais aussi *toutes les femmes* perchées sur leurs pattes de dindes de neuf heures à minuit, par respect de l'Altesse Royale.

Le prince X....., qui serait fort beau avec la blouse bleue du marchand de porcs normand, bien qu'il ressemble à l'animal plutôt qu'au vendeur, règne sur un peuple....., en face du comte, un vrai serrurier, qui règne sur un peuple de nobles, faux ou vrais. Cependant les....: l'emportent de beaucoup en nombre et en fortune. Dans dix ans Cannes sera..... ou ne sera pas.

A côté de ces 2 monarques on voit au moins cent altesses, roi de Wurtemberg, grand-duc de Mecklembourg, duc de Bragance, etc., etc. La société cannoise en est devenue folle. Il est facile de constater que ce n'est pas par les Idées que périra la noblesse d'aujourd'hui comme son aînée de 89. Quels crétins !!!

De temps en temps tous ces princes vont rendre visite à leur cousin de..... Alors la scène change dès la gare. Les Altesses qui daignaient à peine tendre un doigt, la veille, à leurs fidèles et très nobles serviteurs, inclinés jusqu'à leurs genoux, sont bousculés par les commissionnaires, coudoyés et poussés par des commis voyageurs, entassés dans des wagons avec les hommes les plus communs, les plus grossiers et les plus mal appris..... Et on s'aperçoit avec stupeur que, si on n'était prévenu, il serait impossible de reconnaître la distinction royale et la vulgarité bourgeoise; c'est là une comédie admirable, admirable..... admirable..... que j'aurais un plaisir *infini* — vous entendez *infini* — à raconter si je n'avais des amis, de très charmants amis, parmi les fidèles de ces grotesques. Et puis le duc....., lui-même, est si gentil à mon égard que vraiment je ne peux pas : mais ça me tente, ça me démange, ça me ronge..... En tous cas, cela m'a servi de formuler ce principe qui est plus vrai, soyez-en convaincue, que l'existence de Dieu.

Tout heureux qui veut garder l'intégrité de sa pensée, l'indépendance de son jugement, voir la vie, l'humanité et le monde en observateur libre, au-dessus de tout préjugé, de toute croyance préconçue et de toute religion, doit s'écarter absolument de ce qu'on appelle les relations mondaines, car la bêtise universelle est si contagieuse,

qu'il ne pourra fréquenter ses semblables, les voir et les écouter, sans être, malgré lui, entraîné par leurs convictions, leurs idées et leur morale d'imbéciles.

Enseignez cela à votre fils au lieu du catéchisme, et laissez-moi vous baiser les mains.

<div style="text-align: right">MAUPASSANT.</div>

Le roman, auquel il est fait allusion dans cette lettre est *Mont-Oriol.*

———

<div style="text-align: center">À M. MAURICE VAUCAIRE [1].</div>

MONSIEUR,

Établir les règles d'un art n'est pas chose aisée, d'autant plus que chaque tempérament d'écrivain a besoin de règles différentes. Je crois que pour *produire* il ne faut pas trop raisonner. Mais il faut regarder beaucoup et songer à ce qu'on a vu. *Voir :* tout est là, et voir juste. J'entends par voir juste, voir avec ses propres yeux et non avec ceux des maîtres. L'originalité d'un artiste s'indique d'abord dans les petites choses et non dans les grandes. Des chefs-d'œuvre ont été faits sur d'insignifiants détails, sur des objets vulgaires. Il faut trouver aux choses une signification qui n'a

———

[1] M. Maurice Vaucaire avait adressé à Maupassant quelques vers en lui demandant des conseils.

pas encore été découverte et tâcher de l'exprimer d'une façon personnelle.

Celui qui m'étonnera en me parlant d'un caillou, d'un tronc d'arbre, d'un rat, d'une vieille chaise, sera, certes, sur la voie de l'art et apte, plus tard, aux grands sujets.

On a trop chanté les aurores, les soleils, les rosées et la lune, les jeunes filles et l'amour, pour que les derniers venus n'imitent pas toujours quelqu'un en touchant à ces sujets.

Et puis je crois qu'il faut éviter les inspirations vagues. L'art est mathématique, les grands effets sont obtenus par des moyens simples et bien combinés. Buffon a dit : « Le génie n'est qu'une longue patience. »

Je crois que le talent n'est qu'une longue réflexion, étant donné qu'on a l'intelligence.

Certes, vous avez des dons poétiques, un esprit qui reçoit bien les impressions, qui se laisse bien pénétrer par les objets et les idées. Il ne vous faudrait, à mon humble avis, qu'une tension de réflexion pour *utiliser* pleinement vos moyens en évitant surtout les *pensées* dites poétiques, et en cherchant la poésie dans les choses précises ou méprisées où peu d'artistes ont été la découvrir.

Mais surtout, surtout, n'imitez pas, ne vous rappelez rien de ce que vous avez lu; oubliez tout, et (je vais dire une monstruosité que je

crois absolument vraie), pour devenir bien personnel, n'admirez personne.

Il est difficile, en cinquante lignes, de parler de ces choses sans avoir l'air pédant, et je m'aperçois que je n'ai pas évité l'écueil. — Je vous serre cordialement la main.

GUY DE MAUPASSANT.

MON CHER CONFRÈRE,

J'espérais vivement et vainement n'être point cité parmi ceux qui ont refusé la croix. Votre article me démontre que j'ai eu tort d'espérer cela. J'ai lu d'ailleurs des échos et reçu des lettres qui me prouvent qu'on a fait, à ce sujet, quelque bruit. Je n'y suis pour rien et j'ignore qui a répandu la nouvelle un peu erronée qui court.

On ne m'a point proposé la croix; on m'a interrogé seulement pour le cas où le ministre songerait à moi. J'ai répondu que je considérais comme une grossièreté de refuser une distinction très recherchée et très respectable — mais j'ai prié qu'on ne me l'offrît point et qu'on demandât au ministre de m'oublier.

J'ai toujours dit, tous mes amis en pourraient témoigner, que je désirais rester en dehors de tous les honneurs et de toutes les dignités. J'ai eu soin de le répéter souvent, et depuis fort long-

temps, afin qu'on ne me suspectât point d'arrière-pensée à un moment donné.

Quant à mes raisons, elles sont trop nombreuses pour être écrites.

Une seule suffirait, d'ailleurs : je n'admets point de hiérarchie officielle dans les lettres. Nous sommes ce que nous sommes sans avoir besoin d'être classés.

Si la Légion d'honneur n'avait point de degrés je la comprendrais davantage, mais les grades constituent une échelle de mérite vraiment par trop fantaisiste.

Vous avez cité Edmond de Goncourt. Peut-on contester sa haute valeur et surtout son influence sur la littérature contemporaine? Personne, peut-être, n'en eut plus que lui.

Or, il demeure chevalier de la Légion d'honneur, tandis que les grades supérieurs sont réservés sans doute à ses élèves.

Quand on est décidé à ne jamais rien solliciter de personne, il vaut mieux vivre sans titres honorifiques, car si on en obtient un, par hasard, sans intrigue, on est presque certain d'en rester là, et....., quand on prend du ruban, on n'en saurait trop prendre.

Cette raison n'est peut-être pas la meilleure, mais quand on n'a point envie d'une chose, la moindre raison vous décide à ne la point demander, et à empêcher qu'on vous la donne. Je tenais

cependant à vous dire, après votre article, que j'ai, pour la Légion d'honneur, un grand respect, et je ne voudrais point qu'on crût le contraire.

Recevez, Monsieur et cher Confrère, l'assurance de mes sentiments dévoués.

<div align="right">GUY DE MAUPASSANT.</div>

Nous avons trouvé cette lettre, surchargée de ratures, dans les papiers personnels de Guy de Maupassant.

———

<div align="right">Rome, 15 avril 1886.</div>

MA BIEN CHÈRE MÈRE,

Je viens de trouver ta lettre à la poste et je suis ravi de ce que tu me dis au sujet de Sardou.

J'ai quitté Venise sans regrets, bien que j'aie admiré passionnément les Véronèse et ce merveilleux, cet inimitable plafonnier qu'on nomme Tiepolo : un des plus grands artistes du monde et le plus gracieux de tous, sans aucun doute.

Je n'ai trouvé aucune Danaé. On voit bien au palais des Doges la *copie* de la Danaé de Véronèse, dont l'original est à Bruxelles. Voilà tout. Il y a eu ici, en effet, une Danaé attribuée au Titien, puis reconnue fausse, et qu'on promène en ce moment par le monde en cherchant à la vendre, le gouvernement italien n'ayant pas mis son *veto*.

Où était donc la tienne ?

Je trouve Rome horrible. Le *Jugement dernier*

de Michel-Ange a l'air d'une toile de foire, peinte pour une baraque de lutteurs par un charbonnier ignorant, c'est l'avis de G..... et celui des élèves de l'École de Rome, avec qui j'ai dîné hier. Ils ne comprennent pas la légende d'admiration qui entoure cette croûte.

Les Loges de Raphaël sont fort belles, mais peu émouvantes. Saint-Pierre est assurément le plus grand monument de mauvais goût qu'on ait jamais construit. Dans les musées, rien — qu'un admirable Vélasquez. Comme c'est loin de Venise et de Florence comme collection d'art !

Les thermes de Caracalla ont une grandeur vraiment imposante.

Je pars demain pour Naples, d'où je t'écrirai.

Je t'embrasse de tout mon cœur, ma bien chère mère, et je serre cordialement la main d'Hervé.

<div style="text-align:right">
Ton fils,

GUY DE MAUPASSANT.
</div>

———————

Châtel-Guyon, samedi. [Août 1886.]

MA BIEN CHÈRE MÈRE,

Je viens de faire tant d'excursions que je n'ai pas trouvé une demi-heure pour t'écrire.

J'ai vu Châteauneuf, le plus joli coin d'Auvergne que je connaisse, — vallée profonde au milieu de superbes rochers, — puis Pontgibaud,

autre vallée moins jolie, puis, au-dessus de Volvic, le cratère de la Nachère, d'où l'on a un horizon extraordinaire sur la Limagne et sur le haut plateau d'où surgissent les puys. Ils sortent de ce plateau comme des clous énormes à tête tronquée.

Je ne fais rien que préparer tout doucement mon roman. Ce sera une histoire assez courte et très simple dans ce grand paysage calme; cela ne ressemblera guère à *Bel-Ami*.

. .

Il y a beaucoup de monde ici, car Potain a adopté cette station, mais on s'y ennuie d'une façon si formidable que la plupart des malades n'y reviendront pas, malgré le bien que leur font les eaux.

Quant à moi, je compte partir mardi soir pour arriver jeudi à Étretat. J'ai grand besoin de travailler. Il est probable que j'irai à Cannes, ou à Nice si tu es à Nice, de fort bonne heure, pour y écrire d'un trait le roman que je prépare ici afin de l'avoir fini pour l'été prochain et d'avoir libre tout cet été-là pour circuler.

. .

Adieu, ma bien chère mère; je t'embrasse mille fois de tout mon cœur. Bonne poignée de main à Hervé.

Ton fils,
GUY DE MAUPASSANT.

———

À MADAME LECOMTE DU NOUY.

Yacht *Bel-Ami,* novembre 1886.

MA CHÈRE AMIE,

Moi aussi, je vis dans une solitude absolue. Je travaille et je navigue, voilà toute ma vie. Je ne vois personne, personne, ni le jour, ni le soir. Je suis dans un bain de repos, de silence, dans un bain d'adieu. Je ne sais pas du tout quand je reviendrai à Paris. Je voudrais bien travailler tout l'hiver pour être un peu libre tout l'été. Paris ne me dit rien d'ailleurs. Vous, ne viendrez-vous point à Villefranche? J'irais vous y voir avec mon yacht, sans vous proposer de promenade en mer, car je sais que cela ne vous plaît guère. Dites-moi jusqu'à quelle époque vous resterez à Paris pour que je fasse coïncider mon apparition dans cette ville avec le séjour que vous y ferez. Merci de vos gentilles lettres et de toutes les nouvelles que vous me donnez. Si vous avez une minute, écrivez-moi, et pardonnez-moi de vous répondre si peu, je n'y vois plus, tant j'ai fatigué mes yeux. Donnez vos mains. Je vous baise aussi les pieds.

MAUPASSANT.

Et j'embrasse Pierre.

À MADAME LECOMTE DU NOUY.

Chalet des Alpes, Antibes, 30 décembre 1886.

MA CHÈRE AMIE,

Merci mille fois. J'ai reçu la charmante épingle. Vous allez recevoir, à votre tour, un bracelet. Pardonnez-moi s'il n'est pas neuf; voici son histoire. Une femme qui fut belle, riche et heureuse, aujourd'hui vieille, ruinée et cruellement frappée de toutes façons, restée d'ailleurs fort honorable, m'a écrit pour me demander un entretien. Elle habite Nice et me priait de la protéger pour obtenir un petit emploi.

Comme je l'interrogeais avec beaucoup d'intérêt, elle se mit à parler avec confiance, me conta sa vie et sa profonde misère, son abominable misère.

Je lui offris de l'argent qu'elle refusa, mais elle me dit : « Avez-vous une amie assez intime pour lui offrir un bracelet que j'ai porté, en lui disant d'où il vient, sans me nommer, bien entendu, et en lui répétant surtout qu'il a appartenu à une honnête femme, à une très malheureuse et très honnête femme ? Dans ce cas, je veux bien vous vendre ma gourmette en or. »

J'ai donc acheté cette gourmette, à laquelle elle a voulu ajouter un très vilain petit médaillon. J'ai acheté un écrin et je vous envoie le tout.

J'ai pensé que cela ne vous déplairait pas. Je vous baise les mains, en vous envoyant tous mes souhaits pour vous, pour Pierre, pour vos parents et pour « Filles du monde ».

<div align="right">GUY DE MAUPASSANT.</div>

<div align="right">Paris, novembre 1887.</div>

MA BIEN CHÈRE MÈRE,

Je vais peut-être me trouver forcé de rester à Paris plus longtemps que je n'avais pensé, et je demeure en tout cas fort embarrassé.

En présence des événements qui nous menacent au printemps, Ollendorff veut mettre en vente *Pierre et Jean* le 3 janvier et non le 20. De sorte que je vais me trouver peut-être dans la nécessité de rester jusque-là, et de ne pas faire un second voyage à Paris comme je le pensais, mes finances ne me permettant plus aucune dépense superflue. Une fois *Pierre et Jean* lancé, j'irai à Cannes pour le reste de l'hiver.

Pierre et Jean aura un succès littéraire, mais non pas un succès de vente. Je suis sûr que le livre est bon, je te l'ai toujours écrit; mais il est cruel, ce qui l'empêchera de se vendre. Il faut donc que j'avise à gagner ma vie sans trop compter sur la librairie et je vais essayer du théâtre que je considère comme un métier, afin d'écrire mes livres absolument à ma guise sans me préoccuper le

moins du monde de ce qu'ils deviendront. Si je peux réussir au théâtre je dors tranquille, sans abuser d'ailleurs de ce trafic pseudo-littéraire.

Je vais très bien en ce moment, car mon logis est terriblement chauffé. Je compte aller à Étretat dans une dizaine de jours. Il faudra que j'y reste au moins quatre jours pour ne rien oublier. Je pense bien dès mon retour à Cannes que je louerai l'appartement Pierrugues, qui ne me déplaît pas et qui ne mangera pas trop de meubles.

On est très préoccupé des événements politiques et surtout des menaces du côté de l'Allemagne. Je crois qu'Ollendorff a raison de mettre en vente *Pierre et Jean* dès les premiers jours de janvier, car on peut espérer à ce moment 15 jours ou 3 semaines de tranquillité. Mais après? *Mensonges*, de Bourget, a un grand succès littéraire, mais la vente est contrariée par toutes ces inquiétudes qui oppressent le public. On dit que *La Terre*, en volume, a beaucoup de puissance et d'ampleur. Seuls les théâtres sont en pleine vogue et gagnent beaucoup, car il faut bien passer ses soirées quelque part. J'y vais en ce moment pour apprendre un peu ce que c'est, et je m'aperçois que c'est une éducation à faire entièrement. Je suis en train de dégager les fonds du monument Flaubert et ce n'est pas facile, Lapierre les ayant placés à la Banque de France; s'il mourait nous serions plongés en des difficultés innombrables.

Adieu, ma chère mère, je t'embrasse de tout mon cœur. Mille choses au ménage Hervé.

Ton fils,

GUY.

Paris, mai 1888.

MA BIEN CHÈRE MÈRE,

Depuis mon retour je fais des courses, des démarches et des visites, de sorte que je n'ai pu encore penser au travail. Je compte d'ailleurs aller à Étretat dans quelque temps pour voir si aucune bêtise n'a été faite. Mon procès[1] se trouve retardé indéfiniment et va me créer de nouveaux ennuis. L'avocat du *Figaro*, Lachaud, malade depuis quelque temps, vient d'être atteint de paralysie partielle et d'un commencement de ramollissement, dit-on, de sorte que Straus et moi sommes bien embarrassés. Nous allons cependant mettre en demeure *le Figaro* de faire plaider M. Lachaud, ce qui est difficile, ou de choisir un autre avocat. En dehors de cela, rien de neuf. Il fait tiède et il pleut de temps en temps, ce sont des alternatives de boue et de soleil. Je prépare tout doucement mon nouveau roman[2], et je le trouve très difficile, tant il doit avoir de nuances,

[1] *Le Figaro* avait publié la préface de *Pierre et Jean*, après avoir supprimé quelques phrases, sans avoir l'autorisation de l'auteur.

[2] *Fort comme la Mort.*

de choses suggérées et non dites. Il ne sera pas
long, d'ailleurs, il faut qu'il passe devant les yeux
comme une vision de la vie terrible, tendre et dés-
espérée. Nous sommes en pleine crise de librairie.
On n'achète plus de livres. Je crois que les réim-
pressions à bon marché, les innombrables collec-
tions à 40° jetées dans le public tuent le roman.
Les libraires n'ont plus en montre et ne vendent
plus que ces petits livres propres pour le prix.

Donne-moi des nouvelles le plus que tu pourras,
ne fût-ce que par quatre lignes.

. .

Si tu veux que je t'envoie quelques livres, dis-
le moi, je choisirai les moins embêtants parmi
ceux que je reçois. Je sais que tu ne lis que très
peu, mais peut-être pourrais-tu en parcourir quel-
ques pages. Cela m'inquiète tellement de te sentir
si seule, si tourmentée et si malade, que je cherche
sans cesse ce qui pourrait te distraire un peu.
Hélas! ce n'est pas facile à trouver.

Adieu, ma bien chère mère, je t'embrasse bien
tendrement. Ton fils,

—————— Guy.

MA BIEN CHÈRE MÈRE, Étretat, 1889.

. .

Le pays que je viens de visiter est un des plus
beaux qu'on puisse voir. Des vallées immenses
enfermées en des montagnes portant de gigan-

tesques forêts de pins et de hêtres. Le long de toutes ces pentes, d'innombrables sources, torrents, ruisseaux. Au fond de toutes ces vallées, des lacs.

En somme, de l'eau, de l'eau, encore de l'eau qui court, qui tombe, qui glisse, qui rampe; des cascades, des rivières sous l'herbe, sous les mousses les plus belles que j'ai vues, de l'eau, partout de l'eau, une humidité froide, pénétrante, légère, car l'air est vif, le pays étant fort élevé.

J'ai eu des douleurs de rhumatisme, mais mon estomac allait bien mieux au bout de quatre jours.

Mes jambes étaient redevenues élastiques, bien que je souffrisse de crampes dans les mains et dans les épaules.

Aujourd'hui, à peine revenu à Étretat, je suis repris de migraine, de faiblesse et d'impatience nerveuses. Le travail m'est absolument impossible. Dès que j'ai écrit dix lignes je ne sais plus du tout ce que je fais, ma pensée fuit comme l'eau d'une écumoire. Le vent ici ne cesse pas et je ne laisse jamais éteindre mon feu. Je voudrais bien que le jardin public qu'on va faire contre moi me permît de vendre cette maison.

. .

Adieu, ma bien chère mère, je t'embrasse de tout mon cœur. Ton fils,

 GUY.

Le pays décrit au début de cette lettre est Gérardmer.

———

Paris, juillet 1890.

MA BIEN CHÈRE MÈRE,

. .

Je t'enverrai un tas d'articles sur *Notre Cœur,* dès que j'aurai pu remercier les journalistes. Tu me les renverras. La publication dans la *Revue* fait tout de même du tort à la vente. Les gros libraires de Paris me disent que parmi mes acheteurs fidèles 6 sur 10 l'ont lu dans la *Revue* et ne prennent pas le volume. Un autre inconvénient est celui-ci. Tout le bruit — et il a été énorme — se fait au moment de l'apparition dans la *Revue des Deux-Mondes;* et on a fini d'en parler quand le volume arrive. Malgré tout cela la vente marche, quoique ralentie, et elle passera, je crois, celle de *Fort comme la Mort,* qui est à trente-deux mille. Ça a été cependant une excellente chose, en principe, pour moi que *Notre Cœur* dans la *Revue.*

Le public spécial de ce périodique me connaît, et m'achètera plus tard. J'y ai gagné des lecteurs.

Je t'embrasse bien tendrement, ma très chère mère. J'embrasse Simone. Mille choses à Marie-Thérèse. Ton fils,

GUY.

Je ne couche pas encore rue Boccador, où on porte, chaque jour, mes meubles. Ce sera joli et confortable. Je m'y installe samedi, mais j'y passe mes journées.

Constantine, octobre 1890.

MA BIEN CHÈRE MÈRE,

Nous voici arrivés à Constantine après dix-huit
heures de chemin de fer. Le voyage s'est bien
passé, sans trop de fatigue. Nous partirons demain
matin pour Biskra et nous y serons le même soir.
C'est là que j'espère goûter le désert, car ce pays
a vraiment pour moi une saveur unique. Il n'y
manque que des logements confortables. Je com-
mence à sentir vraiment l'influence bienfaisante de
la chaleur après quelques troubles d'acclimatation
bien plus légers d'ailleurs que ceux d'Aix. Mais
c'est un long séjour qu'il me faudrait ici. Je t'ai en-
voyé par la poste des photographies de Biskra, et je
suis bien certain qu'en les voyant, tu seras presque
au regret de n'avoir pas loué là plutôt qu'à Nice.

Nous avons un nouveau compagnon de voyage,
M. Pichot, directeur de la *Revue britannique,* grand
ami de la princesse Mathilde. C'est un aimable
homme, confortable et bien élevé.

Mᵐᵉ X..... qui a été un peu souffrante pendant
quelques jours va mieux, et je crois que ce pays
lui a donné vraiment une forte impression. Elle
en redoute un peu le soleil, car celui d'ici est un
ogre qui mange tout. L'Afrique est bien la terre
préférée de cet astre devenu féroce de l'autre
côté de la mer. Nous allons, d'hôtel en hôtel, en
geignant sur les chambres et sur les nourritures.
Le bruit du port d'Alger sous mes fenêtres m'a

rappelé l'avenue Victor-Hugo, mais une avenue Victor-Hugo formidable, avec des trains, des sirènes de transatlantiques, des grues à vapeur et des Arabes de somme chargeant et déchargeant des paquebots.

Nous avons dîné chez M. Tirman dont la cour et le palais m'ont fait songer à un roi d'Yvetot africain. Il ne manquait aux invités, députés, magistrats, etc., que de chanter, au dessert, des chansons arabes. Les dames du cru étaient deux. Aucun désir ne pouvait venir d'augmenter leur famille. J'avais pour voisine une baronne jaune, hystérique et maigre, décolletée dans le dos jusqu'aux jambes. La discrétion relative du devant indiquait plutôt de la prudence que de la pudeur.

Des envies de rire me faisaient mal comme des crises d'estomac. Le dîner, d'ailleurs, ne pouvait consoler des voisinages.

Adieu, ma bien chère mère, je t'embrasse de tout mon cœur, très tendrement.

J'embrasse la petite Simone et j'envoie à Marie-Thérèse mes plus affectueuses pensées.

Ton fils, GUY.

———

Paris, mars 1891.

MA BIEN CHÈRE MÈRE,

La 1ʳᵉ de *Musotte* a lieu mercredi. Je crois que cela marchera bien, sans être une pièce remarquable. Les acteurs sont bons et jouent bien.

Occupe-toi, n'est-ce pas, de me découvrir un petit logement pour moi pas trop près de la mer. Je partirais peut-être vers le 20 mars si tu trouvais.

Cet hiver du pôle a été affreux ; tout mon jardin d'Étretat a été perdu, les lauriers étant tous morts.

Je veux essayer l'action du premier printemps dans le Midi, marcher et naviguer, finir mon roman pour mai. J'en ai fait très peu, mais il sera court, puis me reposer ensuite.

Je sais que vous avez en ce moment là-bas des temps magnifiques. Il fait beau à Paris, mais ça ne sent pas encore du tout le réveil de la terre.

Quand j'aurai fini l'*Angelus*[1], je ferai tout doucement ma pièce d'*Yvette*[2].

Adieu, ma bien chère mère, je t'embrasse de tout mon cœur. J'embrasse Simone. Bien des choses affectueuses à Marie-Thérèse.

Ton fils,
GUY.

———

Paris, mars 1891.

MA BIEN CHÈRE MÈRE,

. .

Il fait ici un temps affreux. La neige voltige

[1] L'*Angelus* ne fut jamais achevé.
[2] Les six premiers feuillets seulement de cette pièce furent écrits ; nous les avons trouvés dans les papiers personnels de l'auteur.

encore dans l'air, le thermomètre descend toutes les nuits à 2 ou 3 degrés au-dessous de zéro. C'est horrible. Mon influenza m'a fait assez de mal. Quelle horrible maladie !

Je suis à la fin tout à fait, mais j'ai eu une mauvaise période. Rien de nouveau.

Cet affreux hiver m'a tellement lassé et fatigué, que si je trouve quelque chose de chaud à Nice pour l'hiver prochain, je ne passerai pas de si longues périodes dans le Nord.

On me dit qu'il ne fait pas trop beau non plus en ce moment dans le Midi. Est-ce vrai ?

J'ai un besoin fou de soleil et d'air pur.

Je t'embrasserai dans bien peu de jours, ma bien chère mère, car j'espère toujours pouvoir partir dimanche. Je compte passer à Nice avril et mai. Juin à Paris, car c'est le plus joli mois de cette ville. Puis je reviendrai prendre mon bateau pour aller sur les côtes d'Espagne ou pour rôder sur celles de France. Il est certain maintenant que mon roman ne paraîtra qu'à l'automne, mais *Musotte* me permet d'attendre.

Je suis joyeux et content de te revoir, et je t'envoie tous mes baisers à pleins bras.

J'embrasse Simone et je dis mille choses affectueuses à Marie-Thérèse.

Ton fils,
Guy.

———

Ma bien chère Mère,

Le docteur M....., membre de l'Académie, est celui qui vient d'écrire et va présenter à cette Académie un rapport violent et plein de faits dont les journaux ont déjà parlé sur la cocaïne.

. .

Cet homme est charmant et me connaît comme s'il était mon proche parent. Intérêt de lecteur pour l'écrivain.

Il sait toute ma vie comme moi-même, ma vie de canotier, car il a une maison à Villennes et connaît beaucoup Zola.

Il a vu ma maison d'Étretat, sait mon existence à Paris et, possédant un pied-à-terre à Théoule, m'a vu dans le Midi souvent.

. .

Or, avant-hier, comme je n'avais pu aller le voir, il arrive chez moi. C'est un vieux bien entendu.

Il me dit : — « Allons causons. Puisque j'ai la chance de vous rencontrer, ce que je désire depuis longtemps, je vais vous donner des conseils de sage, car vous avez mené une vie de travail qui aurait tué dix hommes ordinaires. Il y a longtemps que je le pense et que je voulais vous prévenir. Vous avez publié 27 volumes en dix ans, ce labeur fou a mangé votre corps. Le corps se venge aujourd'hui et vous immobilise dans

votre activité cérébrale. Il vous faut un très long repos et complet, monsieur. Je vous parle comme je ferais à mon fils. Ce que vous m'avez raconté de vos projets ne me dit rien de bon. Que comptez-vous faire? Il faut d'abord quitter Paris. Ne retournez pas à Nice, c'est une ville énervante comme aucune autre, en été, le port est un enfer, le mont Boron également.»

J'ai parlé de mon bateau. Il m'a dit :

«Je le connais. Je le trouve très joli. C'est un charmant joujou, pour un garçon bien portant qui se promène en promenant des amis, mais ce n'est pas une habitation de repos pour un homme fatigué de corps et d'esprit comme vous.

«Par les beaux jours, c'est l'immobilité sous le soleil éclatant sur un pont brûlant, à côté d'une voile éblouissante. Par les autres jours, c'est une inhabitable demeure sous la pluie, dans les petits ports.

«Il serait deux ou trois fois plus grand et confortable comme un logis, je vous dirais allez-y. Ou bien, vous seriez dans un pays presque sans maisons, au bord de la mer et boisé, et seul, je vous dirais : Servez-vous tous les jours de ce bateau, mais ne vivez pas dessus sans autre domicile. Je vous voudrais *très isolé*, dans un pays *très sain*, ne pensant à rien, ne faisant rien, et surtout ne prenant aucun médicament d'aucune sorte. Rien que de l'eau froide.»

Voilà !..... Quant à moi, j'hésite tout à fait. Je
ne sais plus que faire. J'ai envie pourtant d'es-
sayer de la mer. Si cela ne réussit pas, j'irai dans
les Pyrénées qu'on me recommande beaucoup.
Nous causerons de ça dans quelques jours. En
tous cas je fais faire pour mon bateau une tente
très épaisse couvrant tout le pont qui m'assurera
dedans un asile, petit, mais frais, quel que soit le
soleil dans les ports. En mer, si nous marchons
par des jours trop chauds, je resterai dans l'inté-
rieur comme dans un petit salon bleu où je
pourrai sommeiller comme chez moi. Dans les
petits ports qui me plairaient, je passerais huit
jours, en me promenant surtout dans les ports
d'Espagne, après un essai assez long sur la côte
de Provence pour être tout à fait renseigné.

J'attendrai que le temps soit tout à fait beau
pour partir. Je passerai quelques jours à Nice,
puis je prendrai la mer, en excursionnant beau-
coup à pied sur les côtes.

A bientôt, ma bien chère mère, je t'embrasse
de tout mon cœur. J'embrasse Simone, mille
amitiés à ma belle-sœur.

Ton fils,
Guy.

BOULE DE SUIF

BOULE DE SUIF.

PENDANT plusieurs jours de suite des lambeaux d'armée en déroute avaient traversé la ville. Ce n'était point de la troupe, mais des hordes débandées. Les hommes avaient la barbe longue et sale, des uniformes en guenilles, et ils avançaient d'une allure molle, sans drapeau, sans régiment. Tous semblaient accablés, éreintés, incapables d'une pensée ou d'une résolution, marchant seulement par habitude, et tombant de fatigue sitôt qu'ils s'arrêtaient. On voyait surtout des mobilisés, gens pacifiques, rentiers tranquilles, pliant sous le poids du fusil; des petits moblots alertes, faciles à l'épouvante et prompts à l'enthousiasme, prêts à

l'attaque comme à la fuite; puis, au milieu d'eux, quelques culottes rouges, débris d'une division moulue dans une grande bataille; des artilleurs sombres alignés avec ces fantassins divers; et, parfois, le casque brillant d'un dragon au pied pesant qui suivait avec peine la marche plus légère des lignards.

Des légions de francs-tireurs aux appellations héroïques : «les Vengeurs de la Défaite — les Citoyens de la Tombe — les Partageurs de la Mort» — passaient à leur tour, avec des airs de bandits.

Leurs chefs, anciens commerçants en draps ou en graines, ex-marchands de suif ou de savon, guerriers de circonstance, nommés officiers pour leurs écus ou la longueur de leurs moustaches, couverts d'armes, de flanelle et de galons, parlaient d'une voix retentissante, discutaient plans de campagne, et prétendaient soutenir seuls la France agonisante sur leurs épaules de fanfarons; mais ils redoutaient parfois leurs propres soldats, gens de sac et de corde, souvent braves à outrance, pillards et débauchés.

Les Prussiens allaient entrer dans Rouen, disait-on.

La Garde nationale qui, depuis deux mois,

faisait des reconnaissances très prudentes dans les bois voisins, fusillant parfois ses propres sentinelles, et se préparant au combat quand un petit lapin remuait sous des broussailles, était rentrée dans ses foyers. Ses armes, ses uniformes, tout son attirail meurtrier, dont elle épouvantait naguère les bornes des routes nationales à trois lieues à la ronde, avaient subitement disparu.

Les derniers soldats français venaient enfin de traverser la Seine pour gagner Pont-Audemer par Saint-Sever et Bourg-Achard; et, marchant après tous, le général, désespéré, ne pouvant rien tenter avec ces loques disparates, éperdu lui-même dans la grande débâcle d'un peuple habitué à vaincre et désastreusement battu malgré sa bravoure légendaire, s'en allait à pied, entre deux officiers d'ordonnance.

Puis un calme profond, une attente épouvantée et silencieuse avaient plané sur la cité. Beaucoup de bourgeois bedonnants, émasculés par le commerce, attendaient anxieusement les vainqueurs, tremblant qu'on ne considérât comme une arme leurs broches à rôtir ou leurs grands couteaux de cuisine.

La vie semblait arrêtée; les boutiques

étaient closes, la rue muette. Quelquefois un habitant, intimidé par ce silence, filait rapidement le long des murs.

L'angoisse de l'attente fait désirer la venue de l'ennemi.

Dans l'après-midi du jour qui suivit le départ des troupes françaises, quelques uhlans, sortis on ne sait d'où, traversèrent la ville avec célérité. Puis, un peu plus tard, une masse noire descendit de la côte Sainte-Catherine, tandis que deux autres flots envahisseurs apparaissaient par les routes de Darnetal et de Boisguillaume. Les avant-gardes des trois corps, juste au même moment, se joignirent sur la place de l'Hôtel-de-Ville; et, par toutes les rues voisines, l'armée allemande arrivait, déroulant ses bataillons qui faisaient sonner les pavés sous leur pas dur et rythmé.

Des commandements criés d'une voix inconnue et gutturale montaient le long des maisons qui semblaient mortes et désertes, tandis que, derrière les volets fermés, des yeux guettaient ces hommes victorieux, maîtres de la cité, des fortunes et des vies, de par le «droit de guerre». Les habitants, dans leurs chambres assombries, avaient l'affolement que donnent les cataclysmes, les grands bou-

leversements meurtriers de la terre, contre
lesquels toute sagesse et toute force sont
inutiles. Car la même sensation reparaît cha-
que fois que l'ordre établi des choses est ren-
versé, que la sécurité n'existe plus, que tout
ce que protégeaient les lois des hommes ou
celles de la nature se trouve à la merci d'une
brutalité inconsciente et féroce. Le tremble-
ment de terre écrasant sous les maisons crou-
lantes un peuple entier; le fleuve débordé qui
roule les paysans noyés avec les cadavres des
bœufs et les poutres arrachées aux toits, ou
l'armée glorieuse massacrant ceux qui se dé-
fendent, emmenant les autres prisonniers,
pillant au nom du Sabre et remerciant un
Dieu au son du canon, sont autant de fléaux
effrayants qui déconcertent toute croyance à
la Justice Éternelle, toute la confiance qu'on
nous enseigne en la protection du Ciel et en
la raison de l'Homme.

Mais à chaque porte des petits détache-
ments frappaient, puis disparaissaient dans
les maisons. C'était l'occupation après l'inva-
sion. Le devoir commençait pour les vaincus
de se montrer gracieux envers les vainqueurs.

Au bout de quelque temps, une fois la
première terreur disparue, un calme nouveau

s'établit. Dans beaucoup de familles, l'officier
prussien mangeait à table. Il était parfois bien
élevé, et, par politesse, plaignait la France,
disait sa répugnance en prenant part à cette
guerre. On lui était reconnaissant de ce sen-
timent; puis on pouvait, un jour ou l'autre,
avoir besoin de sa protection. En le ména-
geant on obtiendrait peut-être quelques
hommes de moins à nourrir. Et pourquoi
blesser quelqu'un dont on dépendait tout
à fait? Agir ainsi serait moins de la bravoure
que de la témérité. — Et la témérité n'est
plus un défaut des bourgeois de Rouen,
comme au temps des défenses héroïques où
s'illustra leur cité. — On se disait enfin, rai-
son suprême tirée de l'urbanité française,
qu'il demeurait bien permis d'être poli dans
son intérieur pourvu qu'on ne se montrât pas
familier, en public, avec le soldat étranger.
Au dehors on ne se connaissait plus, mais
dans la maison on causait volontiers, et l'Al-
lemand demeurait plus longtemps, chaque
soir, à se chauffer au foyer commun.

La ville même reprenait peu à peu de son
aspect ordinaire. Les Français ne sortaient
guère encore, mais les soldats prussiens grouil-
laient dans les rues. Du reste, les officiers de

hussards bleus, qui traînaient avec arrogance leurs grands outils de mort sur le pavé, ne semblaient pas avoir pour les simples citoyens énormément plus de mépris que les officiers de chasseurs, qui, l'année d'avant, buvaient aux mêmes cafés.

Il y avait cependant quelque chose dans l'air, quelque chose de subtil et d'inconnu, une atmosphère étrangère intolérable, comme une odeur répandue, l'odeur de l'invasion. Elle emplissait les demeures et les places publiques, changeait le goût des aliments, donnait l'impression d'être en voyage, très loin, chez des tribus barbares et dangereuses.

Les vainqueurs exigeaient de l'argent, beaucoup d'argent. Les habitants payaient toujours; ils étaient riches d'ailleurs. Mais plus un négociant normand devient opulent et plus il souffre de tout sacrifice, de toute parcelle de sa fortune qu'il voit passer aux mains d'un autre.

Cependant, à deux ou trois lieues sous la ville, en suivant le cours de la rivière, vers Croisset, Dieppedalle ou Biessart, les mariniers et les pêcheurs ramenaient souvent du fond de l'eau quelque cadavre d'Allemand gonflé dans son uniforme, tué d'un coup de couteau ou de savate, la tête écrasée par une

pierre, ou jeté à l'eau d'une poussée du haut
d'un pont. Les vases du fleuve ensevelissaient
ces vengeances obscures, sauvages et légi-
times, héroïsmes inconnus, attaques muettes,
plus périlleuses que les batailles au grand
jour et sans le retentissement de la gloire.

Car la haine de l'Étranger arme toujours
quelques Intrépides prêts à mourir pour une
Idée.

Enfin, comme les envahisseurs, bien qu'as-
sujétissant la ville à leur inflexible discipline,
n'avaient accompli aucune des horreurs que
la renommée leur faisait commettre tout le
long de leur marche triomphale, on s'en-
hardit, et le besoin du négoce travailla de
nouveau le cœur des commerçants du pays.
Quelques-uns avaient de gros intérêts engagés
au Havre, que l'armée française occupait, et ils
voulurent tenter de gagner ce port en allant
par terre à Dieppe, où ils s'embarqueraient.

On employa l'influence des officiers alle-
mands dont on avait fait la connaissance, et
une autorisation de départ fut obtenue du gé-
néral en chef.

Donc, une grande diligence à quatre che-
vaux ayant été retenue pour ce voyage, et
dix personnes s'étant fait inscrire chez le voi-

turier, on résolut de partir un mardi matin, avant le jour, pour éviter tout rassemblement.

Depuis quelque temps déjà la gelée avait durci la terre, et le lundi, vers trois heures, de gros nuages noirs venant du nord apportèrent la neige qui tomba sans interruption pendant toute la soirée et toute la nuit.

A quatre heures et demie du matin, les voyageurs se réunirent dans la cour de l'Hôtel de Normandie, où l'on devait monter en voiture.

Ils étaient encore pleins de sommeil, et grelottaient de froid sous leurs couvertures. On se voyait mal dans l'obscurité; et l'entassement des lourds vêtements d'hiver faisait ressembler tous ces corps à des curés obèses avec leurs longues soutanes. Mais deux hommes se reconnurent, un troisième les aborda, ils causèrent : — «J'emmène ma femme,» — dit l'un. — «J'en fais autant.» — «Et moi aussi.» — Le premier ajouta : — «Nous ne reviendrons pas à Rouen, et si les Prussiens approchent du Havre nous gagnerons l'Angleterre.» — Tous avaient les mêmes projets, étant de complexion semblable.

Cependant on n'attelait pas la voiture.

Une petite lanterne, que portait un valet d'écurie, sortait de temps à autre d'une porte obscure pour disparaître immédiatement dans une autre. Des pieds de chevaux frappaient la terre, amortis par le fumier des litières, et une voix d'homme parlant aux bêtes et jurant s'entendait au fond du bâtiment. Un léger murmure de grelots annonça qu'on maniait les harnais; ce murmure devint bientôt un frémissement clair et continu, rythmé par le mouvement de l'animal, s'arrêtant parfois, puis reprenant dans une brusque secousse qu'accompagnait le bruit mat d'un sabot ferré battant le sol.

La porte subitement se ferma. Tout bruit cessa. Les bourgeois gelés s'étaient tus; ils demeuraient immobiles et roidis.

Un rideau de flocons blancs ininterrompu miroitait sans cesse en descendant vers la terre; il effaçait les formes, poudrait les choses d'une mousse de glace; et l'on n'entendait plus, dans le grand silence de la ville calme et ensevelie sous l'hiver, que ce froissement vague, innommable et flottant, de la neige qui tombe, plutôt sensation que bruit, entremêlement d'atomes légers qui semblaient emplir l'espace, couvrir le monde.

L'homme reparut, avec sa lanterne, tirant au bout d'une corde un cheval triste qui ne venait pas volontiers. Il le plaça contre le timon, attacha les traits, tourna longtemps autour pour assurer les harnais, car il ne pouvait se servir que d'une main, l'autre portant sa lumière. Comme il allait chercher la seconde bête, il remarqua tous ces voyageurs immobiles, déjà blancs de neige, et leur dit :
— «Pourquoi ne montez-vous pas dans la voiture, vous serez à l'abri, au moins.»

Ils n'y avaient pas songé, sans doute, et ils se précipitèrent. Les trois hommes installèrent leurs femmes dans le fond, montèrent ensuite; puis les autres formes indécises et voilées prirent à leur tour les dernières places sans échanger une parole.

Le plancher était couvert de paille où les pieds s'enfoncèrent. Les dames du fond, ayant apporté des petites chaufferettes en cuivre avec un charbon chimique, allumèrent ces appareils, et, pendant quelque temps, à voix basse, elles en énumérèrent les avantages, se répétant des choses qu'elles savaient déjà depuis longtemps.

Enfin, la diligence étant attelée, avec six chevaux au lieu de quatre à cause du tirage

plus pénible, une voix du dehors demanda :
— «Tout le monde est-il monté?» — Une voix
du dedans répondit : — « Oui. » — On partit.

La voiture avançait lentement, lentement,
à tout petits pas. Les roues s'enfonçaient dans
la neige; le coffre entier geignait avec des
craquements sourds; les bêtes glissaient, souf-
flaient, fumaient; et le fouet gigantesque du
cocher claquait sans repos, voltigeait de tous
les côtés, se nouant et se déroulant comme
un serpent mince, et cinglant brusquement
quelque croupe rebondie qui se tendait alors
sous un effort plus violent.

Mais le jour imperceptiblement grandis-
sait. Ces flocons légers qu'un voyageur,
Rouennais pur sang, avait comparés à une
pluie de coton, ne tombaient plus. Une
lueur sale filtrait à travers de gros nuages
obscurs et lourds qui rendaient plus éclatante
la blancheur de la campagne où apparais-
saient tantôt une ligne de grands arbres vêtus
de givre, tantôt une chaumière avec un ca-
puchon de neige.

Dans la voiture, on se regardait curieuse-
ment, à la triste clarté de cette aurore.

Tout au fond, aux meilleures places, som-
meillaient, en face l'un de l'autre, M. et

Mᵐᵉ Loiseau, des marchands de vins en gros
de la rue Grand-Pont.

Ancien commis d'un patron ruiné dans les
affaires, Loiseau avait acheté le fonds et fait
fortune. Il vendait à très bon marché de très
mauvais vin aux petits débitants des cam-
pagnes et passait parmi ses connaissances et
ses amis pour un fripon madré, un vrai Nor-
mand plein de ruses et de jovialité.

Sa réputation de filou était si bien établie,
qu'un soir, à la préfecture, M. Tournel, au-
teur de fables et de chansons, esprit mordant
et fin, une gloire locale, ayant proposé aux
dames qu'il voyait un peu somnolentes de
faire une partie de «Loiseau vole», le mot
lui-même vola à travers les salons du préfet,
puis, gagnant ceux de la ville, avait fait rire
pendant un mois toutes les mâchoires de la
province.

Loiseau était en outre célèbre par ses farces
de toute nature, ses plaisanteries bonnes ou
mauvaises; et personne ne pouvait parler de
lui sans ajouter immédiatement : — «Il est
impayable, ce Loiseau.»

De taille exiguë, il présentait un ventre en
ballon surmonté d'une face rougeaude entre
deux favoris grisonnants.

Sa femme, grande, forte, résolue, avec la voix haute et la décision rapide, était l'ordre et l'arithmétique de la maison de commerce, qu'il animait par son activité joyeuse.

A côté d'eux se tenait, plus digne, appartenant à une caste supérieure, M. Carré-Lamadon, homme considérable, posé dans les cotons, propriétaire de trois filatures, officier de la Légion d'honneur et membre du Conseil général. Il était resté, tout le temps de l'Empire, chef de l'opposition bienveillante, uniquement pour se faire payer plus cher son ralliement à la cause qu'il combattait avec des armes courtoises, selon sa propre expression. M^{me} Carré-Lamadon, beaucoup plus jeune que son mari, demeurait la consolation des officiers de bonne famille envoyés à Rouen en garnison.

Elle faisait vis-à-vis à son époux, toute mignonne, toute jolie, pelotonnée dans ses fourrures, et regardait d'un air navré l'intérieur lamentable de la voiture.

Ses voisins, le comte et la comtesse Hubert de Bréville, portaient un des noms les plus anciens et les plus nobles de Normandie. Le comte, vieux gentilhomme de grande tournure, s'efforçait d'accentuer, par les arti-

fices de sa toilette, sa ressemblance naturelle avec le roy Henri IV qui, suivant une légende glorieuse pour la famille, avait rendu grosse une dame de Bréville dont le mari, pour ce fait, était devenu comte et gouverneur de province.

Collègue de M. Carré-Lamadon au Conseil général, le comte Hubert représentait le parti orléaniste dans le département. L'histoire de son mariage avec la fille d'un petit armateur de Nantes était toujours demeurée mystérieuse. Mais comme la comtesse avait grand air, recevait mieux que personne, passait même pour avoir été aimée par un des fils de Louis-Philippe, toute la noblesse lui faisait fête, et son salon demeurait le premier du pays, le seul où se conservât la vieille galanterie, et dont l'entrée fût difficile.

La fortune des Bréville, toute en biens-fonds, atteignait, disait-on, cinq cent mille livres de revenu.

Ces six personnes formaient le fond de la voiture, le côté de la société rentée, sereine et forte, des honnêtes gens autorisés qui ont de la Religion et des Principes.

Par un hasard étrange, toutes les femmes se trouvaient sur le même banc; et la comtesse

avait encore pour voisines deux bonnes
sœurs qui égrenaient de longs chapelets en
marmottant des *Pater* et des *Ave.* L'une était
vieille avec une face défoncée par la petite
vérole comme si elle eût reçu à bout portant
une bordée de mitraille en pleine figure.
L'autre, très chétive, avait une tête jolie et
maladive sur une poitrine de phtisique ron-
gée par cette foi dévorante qui fait les mar-
tyrs et les illuminés.

En face des deux religieuses, un homme
et une femme attiraient les regards de tous.

L'homme, bien connu, était Cornudet le
démoc, la terreur des gens respectables. De-
puis vingt ans, il trempait sa grande barbe
rousse dans les bocks de tous les cafés démo-
cratiques. Il avait mangé avec les frères et
amis une assez belle fortune qu'il tenait de
son père, ancien confiseur, et il attendait
impatiemment la République pour obtenir
enfin la place méritée par tant de consom-
mations révolutionnaires. Au quatre sep-
tembre, par suite d'une farce peut-être, il
s'était cru nommé préfet, mais quand il vou-
lut entrer en fonctions, les garçons de bu-
reau, demeurés seuls maîtres de la place,
refusèrent de le reconnaître, ce qui le con-

traignit à la retraite. Fort bon garçon, du reste, inoffensif et serviable, il s'était occupé avec une ardeur incomparable d'organiser la défense. Il avait fait creuser des trous dans les plaines, coucher tous les jeunes arbres des forêts voisines, semé des pièges sur toutes les routes, et, à l'approche de l'ennemi, satisfait de ses préparatifs, il s'était vivement replié vers la ville. Il pensait maintenant se rendre plus utile au Havre, où de nouveaux retranchements allaient être nécessaires.

La femme, une de celles appelées galantes, était célèbre par son embonpoint précoce qui lui avait valu le surnom de Boule de Suif. Petite, ronde de partout, grasse à lard, avec des doigts bouffis, étranglés aux phalanges, pareils à des chapelets de courtes saucisses; avec une peau luisante et tendue, une gorge énorme qui saillait sous sa robe, elle restait cependant appétissante et courue, tant sa fraîcheur faisait plaisir à voir. Sa figure était une pomme rouge, un bouton de pivoine prêt à fleurir; et là dedans s'ouvraient, en haut, deux yeux noirs magnifiques, ombragés de grands cils épais qui mettaient une ombre dedans; en bas, une bouche charmante, étroite, humide pour le baiser, meu-

2.

blée de quenottes luisantes et microsco-
piques.

Elle était de plus, disait-on, pleine de qua-
lités inappréciables.

Aussitôt qu'elle fut reconnue, des chu-
chotements coururent parmi les femmes hon-
nêtes, et les mots de «prostituée», de «honte
publique» furent chuchotés si haut qu'elle
leva la tête. Alors elle promena sur ses voi-
sins un regard tellement provocant et hardi
qu'un grand silence aussitôt régna, et tout le
monde baissa les yeux à l'exception de Loi-
seau, qui la guettait d'un air émoustillé.

Mais bientôt la conversation reprit entre les
trois dames, que la présence de cette fille
avait rendues subitement amies, presque in-
times. Elles devaient faire, leur semblait-il,
comme un faisceau de leurs dignités d'épouses
en face de cette vendue sans vergogne; car
l'amour légal le prend toujours de haut avec
son libre confrère.

Les trois hommes aussi, rapprochés par un
instinct de conservateurs à l'aspect de Cornu-
det, parlaient argent d'un certain ton dédai-
gneux pour les pauvres. Le comte Hubert
disait les dégâts que lui avaient fait subir les
Prussiens, les pertes qui résulteraient du bé-

tail volé et des récoltes perdues, avec une
assurance de grand seigneur dix fois million-
naire que ces ravages gêneraient à peine une
année. M. Carré-Lamadon, fort éprouvé dans
l'industrie cotonnière, avait eu soin d'envoyer
six cent mille francs en Angleterre, une poire
pour la soif qu'il se ménageait à toute occa-
sion. Quant à Loiseau, il s'était arrangé pour
vendre à l'Intendance française tous les vins
communs qui lui restaient en cave, de sorte
que l'État lui devait une somme formidable
qu'il comptait bien toucher au Havre.

Et tous les trois se jetaient des coups d'œil
rapides et amicaux. Bien que de conditions
différentes, il se sentaient frères par l'argent,
de la grande franc-maçonnerie de ceux qui
possèdent, qui font sonner de l'or en mettant
la main dans la poche de leur culotte.

La voiture allait si lentement qu'à dix
heures du matin on n'avait pas fait quatre
lieues. Les hommes descendirent trois fois
pour monter des côtes à pied. On commen-
çait à s'inquiéter, car on devait déjeuner à
Tôtes et l'on désespérait maintenant d'y par-
venir avant la nuit. Chacun guettait pour
apercevoir un cabaret sur la route, quand la
diligence sombra dans un amoncellement de

neige et il fallut deux heures pour la dé-
gager.

L'appétit grandissait, troublait les esprits;
et aucune gargote, aucun marchand de vin
ne se montraient, l'approche des Prussiens
et le passage des troupes françaises affamées
ayant effrayé toutes les industries.

Les messieurs coururent aux provisions
dans les fermes au bord du chemin, mais
ils n'y trouvèrent pas même du pain, car
le paysan défiant cachait ses réserves dans la
crainte d'être pillé par les soldats qui, n'ayant
rien à se mettre sous la dent, prenaient par
force ce qu'ils découvraient.

Vers une heure de l'après-midi, Loiseau
annonça que décidément il se sentait un rude
creux dans l'estomac. Tout le monde souffrait
comme lui depuis longtemps; et le violent
besoin de manger, augmentant toujours, avait
tué les conversations.

De temps en temps, quelqu'un bâillait; un
autre presque aussitôt l'imitait; et chacun, à
tour de rôle, suivant son caractère, son savoir-
vivre et sa position sociale, ouvrait la bouche
avec fracas ou modestement en portant vite
sa main devant le trou béant d'où sortait une
vapeur.

Boule de Suif, à plusieurs reprises, se pencha comme si elle cherchait quelque chose sous ses jupons. Elle hésitait une seconde, regardait ses voisins, puis se redressait tranquillement. Les figures étaient pâles et crispées. Loiseau affirma qu'il payerait mille francs un jambonneau. Sa femme fit un geste comme pour protester; puis elle se calma. Elle souffrait toujours en entendant parler d'argent gaspillé, et ne comprenait même pas les plaisanteries sur ce sujet. — «Le fait est que je ne me sens pas bien, dit le comte, comment n'ai-je pas songé à apporter des provisions?» — Chacun se faisait le même reproche.

Cependant, Cornudet avait une gourde pleine de rhum; il en offrit; on refusa froidement. Loiseau seul en accepta deux gouttes, et, lorsqu'il rendit la gourde, il remercia : — «C'est bon tout de même, ça réchauffe, et ça trompe l'appétit.» — L'alcool le mit en belle humeur et il proposa de faire comme sur le petit navire de la chanson : de manger le plus gras des voyageurs. Cette allusion indirecte à Boule de Suif choqua les gens bien élevés. On ne répondit pas; Cornudet seul eut un sourire. Les deux bonnes sœurs avaient cessé

de marmotter leur rosaire, et, les mains en-
foncées dans leurs grandes manches, elles se
tenaient immobiles, baissant obstinément les
yeux, offrant sans doute au ciel la souffrance
qu'il leur envoyait.

Enfin, à trois heures, comme on se trouvait
au milieu d'une plaine interminable, sans un
seul village en vue, Boule de Suif se baissant
vivement, retira de sous la banquette un large
panier couvert d'une serviette blanche.

Elle en sortit d'abord une petite assiette de
faïence, une fine timbale en argent, puis une
vaste terrine dans laquelle deux poulets en-
tiers, tout découpés, avaient confi sous leur
gelée; et l'on apercevait encore dans le panier
d'autres bonnes choses enveloppées, des pâ-
tés, des fruits, des friandises, les provisions
préparées pour un voyage de trois jours, afin
de ne point toucher à la cuisine des auberges.
Quatre goulots de bouteilles passaient entre
les paquets de nourriture. Elle prit une aile
de poulet et, délicatement, se mit à la man-
ger avec un de ces petits pains qu'on appelle
«Régence» en Normandie.

Tous les regards étaient tendus vers elle.
Puis l'odeur se répandit, élargissant les na-
rines, faisant venir aux bouches une salive

abondante avec une contraction douloureuse
de la mâchoire sous les oreilles. Le mépris des
dames pour cette fille devenait féroce, comme
une envie de la tuer ou de la jeter en bas de
la voiture, dans la neige, elle, sa timbale, son
panier et ses provisions.

Mais Loiseau dévorait des yeux la terrine
de poulet. Il dit : — «A la bonne heure, ma-
dame a eu plus de précaution que nous. Il y
a des personnes qui savent toujours penser à
tout.» — Elle leva la tête vers lui : — «Si vous
en désirez, monsieur? C'est dur de jeûner
depuis le matin.» — Il salua : — «Ma foi,
franchement, je ne refuse pas, je n'en peux
plus. A la guerre comme à la guerre, n'est-ce
pas, madame?» — Et, jetant un regard cir-
culaire, il ajouta : — «Dans des moments
comme celui-ci, on est bien aise de trouver
des gens qui vous obligent.» — Il avait un
journal qu'il étendit pour ne point tacher son
pantalon, et sur la pointe d'un couteau tou-
jours logé dans sa poche, il enleva une cuisse
toute vernie de gelée, la dépeça des dents,
puis la mâcha avec une satisfaction si évidente
qu'il y eut dans la voiture un grand soupir de
détresse.

Mais Boule de Suif, d'une voix humble et

douce, proposa aux bonnes sœurs de parta-
ger sa collation. Elles acceptèrent toutes les
deux instantanément, et, sans lever les yeux,
se mirent à manger très vite après avoir bal-
butié des remerciements. Cornudet ne refusa
pas non plus les offres de sa voisine, et l'on
forma avec les religieuses une sorte de table
en développant des journaux sur les genoux.

Les bouches s'ouvraient et se fermaient
sans cesse, avalaient, mastiquaient, engloutis-
saient férocement. Loiseau, dans son coin,
travaillait dur, et, à voix basse, il engageait
sa femme à l'imiter. Elle résista longtemps,
puis, après une crispation qui lui parcourut
les entrailles, elle céda. Alors son mari, arron-
dissant sa phrase, demanda à leur «charmante
compagne» si elle lui permettait d'offrir un
petit morceau à M^{me} Loiseau. Elle dit : —
«Mais oui, certainement, monsieur», avec un
sourire aimable, et tendit la terrine.

Un embarras se produisit lorsqu'on eût dé-
bouché la première bouteille de bordeaux : il
n'y avait qu'une timbale. On se la passa après
l'avoir essuyée. Cornudet seul, par galanterie
sans doute, posa ses lèvres à la place humide
encore des lèvres de sa voisine.

Alors, entourés de gens qui mangeaient,

suffoqués par les émanations des nourritures,
le comte et la comtesse de Bréville, ainsi que
M. et M^me Carré-Lamadon souffrirent ce sup-
plice odieux qui a gardé le nom de Tantale.
Tout d'un coup la jeune femme du manufac-
turier poussa un soupir qui fit retourner les
têtes; elle était aussi blanche que la neige du
dehors; ses yeux se fermèrent, son front
tomba : elle avait perdu connaissance. Son
mari, affolé, implorait le secours de tout le
monde. Chacun perdait l'esprit, quand la plus
âgée des bonnes sœurs, soutenant la tête de
la malade, glissa entre ses lèvres la timbale de
Boule de Suif et lui fit avaler quelques gouttes
de vin. La jolie dame remua, ouvrit les yeux,
sourit et déclara d'une voix mourante qu'elle
se sentait fort bien maintenant. Mais, afin
que cela ne se renouvelât plus, la religieuse la
contraignit à boire un plein verre de bor-
deaux, et elle ajouta : — « C'est la faim, pas
autre chose. »

Alors Boule de Suif, rougissante et embar-
rassée, balbutia en regardant les quatre voya-
geurs restés à jeun : — « Mon Dieu, si j'osais
offrir à ces messieurs et à ces dames...» Elle
se tut, craignant un outrage. Loiseau prit la
parole : — « Eh, parbleu, dans des cas pareils

tout le monde est frère et doit s'aider. Allons, mesdames, pas de cérémonie, acceptez, que diable! Savons-nous si nous trouverons seulement une maison où passer la nuit? Du train dont nous allons nous ne serons pas à Tôtes avant demain midi. » — On hésitait, personne n'osant assumer la responsabilité du «oui».

Mais le comte trancha la question. Il se tourna vers la grosse fille intimidée, et, prenant son grand air de gentilhomme, il lui dit :
— «Nous acceptons avec reconnaissance, madame. »

Le premier pas seul coûtait. Une fois le Rubicon passé, on s'en donna carrément. Le panier fut vidé. Il contenait encore un pâté de foie gras, un pâté de mauviettes, un morceau de langue fumée, des poires de Crassane, un pavé de Pont-l'Évêque, des petits-fours et une tasse pleine de cornichons et d'oignons au vinaigre, Boule de Suif, comme toutes les femmes, adorant les crudités.

On ne pouvait manger les provisions de cette fille sans lui parler. Donc on causa, avec réserve d'abord, puis, comme elle se tenait fort bien, on s'abandonna davantage. M^{mes} de Bréville et Carré-Lamadon, qui avaient un grand savoir-vivre, se firent gracieuses avec

délicatesse. La comtesse surtout montra cette condescendance aimable des très nobles dames qu'aucun contact ne peut salir, et fut charmante. Mais la forte M^me Loiseau, qui avait une âme de gendarme, resta revêche, parlant peu et mangeant beaucoup.

On s'entretint de la guerre, naturellement. On raconta des faits horribles des Prussiens, des traits de bravoure des Français; et tous ces gens qui fuyaient rendirent hommage au courage des autres. Les histoires personnelles commencèrent bientôt, et Boule de Suif raconta, avec une émotion vraie, avec cette chaleur de parole qu'ont parfois les filles pour exprimer leurs emportements naturels, comment elle avait quitté Rouen : — «J'ai cru d'abord que je pourrais rester, disait-elle. J'avais ma maison pleine de provisions, et j'aimais mieux nourrir quelques soldats que m'expatrier je ne sais où. Mais quand je les ai vus, ces Prussiens, ce fut plus fort que moi! Ils m'ont tourné le sang de colère; et j'ai pleuré de honte toute la journée. Oh! si j'étais un homme, allez! Je les regardais de ma fenêtre, ces gros porcs avec leur casque à pointe, et ma bonne me tenait les mains pour m'empêcher de leur jeter mon mobilier sur le

dos. Puis il en est venu pour loger chez moi; alors j'ai sauté à la gorge du premier. Ils ne sont pas plus difficiles à étrangler que d'autres! Et je l'aurais terminé, celui-là, si l'on ne m'avait pas tirée par les cheveux. Il a fallu me cacher après ça. Enfin, quand j'ai trouvé une occasion, je suis partie, et me voici.»

On la félicita beaucoup. Elle grandissait dans l'estime de ses compagnons qui ne s'étaient pas montrés si crânes; et Cornudet, en l'écoutant, gardait un sourire approbateur et bienveillant d'apôtre; de même un prêtre entend un dévot louer Dieu, car les démocrates à longue barbe ont le monopole du patriotisme comme les hommes en soutane ont celui de la religion. Il parla à son tour d'un ton doctrinaire, avec l'emphase apprise dans les proclamations qu'on collait chaque jour aux murs, et il finit par un morceau d'éloquence où il étrillait magistralement cette «crapule de Badinguet».

Mais Boule de Suif aussitôt se fâcha, car elle était bonapartiste. Elle devenait plus rouge qu'une guigne, et bégayant d'indignation : — «J'aurais bien voulu vous voir à sa place, vous autres. Ça aurait été du propre, ah oui! C'est vous qui l'avez trahi, cet homme! On n'aurait

plus qu'à quitter la France si l'on était gou-
verné par des polissons comme vous!»——Cor-
nudet, impassible, gardait un sourire dédai-
gneux et supérieur, mais on sentait que les
gros mots allaient arriver quand le comte s'in-
terposa et calma, non sans peine, la fille exas-
pérée, en proclamant avec autorité que toutes
les opinions sincères étaient respectables.
Cependant la comtesse et la manufacturière,
qui avaient dans l'âme la haine irraisonnée
des gens comme il faut pour la République,
et cette instinctive tendresse que nourrissent
toutes les femmes pour les gouvernements à
panache et despotiques, se sentaient, malgré
elles, attirées vers cette prostituée pleine de
dignité, dont les sentiments ressemblaient si
fort aux leurs.

Le panier était vide. A dix on l'avait tari
sans peine, en regrettant qu'il ne fût pas plus
grand. La conversation continua quelque
temps, un peu refroidie néanmoins depuis
qu'on avait fini de manger.

La nuit tombait, l'obscurité peu à peu de-
vint profonde, et le froid, plus sensible pen-
dant les digestions, faisait frissonner Boule
de Suif, malgré sa graisse. Alors M^{me} de Bré-
ville lui proposa sa chaufferette dont le char-

bon, depuis le matin, avait été plusieurs fois renouvelé, et l'autre accepta tout de suite, car elle se sentait les pieds gelés. M^mes Carré-Lamadon et Loiseau donnèrent les leurs aux religieuses.

Le cocher avait allumé ses lanternes. Elles éclairaient d'une lueur vive un nuage de buée au-dessus de la croupe en sueur des timoniers, et, des deux côtés de la route, la neige qui semblait se dérouler sous le reflet mobile des lumières.

On ne distinguait plus rien dans la voiture; mais tout à coup un mouvement se fit entre Boule de Suif et Cornudet; et Loiseau, dont l'œil fouillait l'ombre, crut voir l'homme à la grande barbe s'écarter vivement comme s'il eût reçu quelque bon coup lancé sans bruit.

Des petits points de feu parurent en avant sur la route. C'était Tôtes. On avait marché onze heures, ce qui, avec les deux heures de repos laissés en quatre fois aux chevaux pour manger l'avoine et souffler, faisait treize. On entra dans le bourg et devant l'Hôtel du Commerce on s'arrêta.

La portière s'ouvrit! un bruit bien connu fit tressaillir tous les voyageurs; c'étaient les heurts d'un fourreau de sabre sur le sol. Aus-

sitôt la voix d'un Allemand cria quelque
chose.

Bien que la diligence fût immobile, per-
sonne ne descendait, comme si on se fût
attendu à être massacré à la sortie. Alors le
conducteur apparut, tenant à la main une de
ses lanternes qui éclaira subitement jusqu'au
fond de la voiture les deux rangs de têtes effa-
rées, dont les bouches étaient ouvertes et les
yeux écarquillés de surprise et d'épouvante.

A côté du cocher se tenait, en pleine lu-
mière, un officier allemand, un grand jeune
homme excessivement mince et blond, serré
dans son uniforme comme une fille en son
corset, et portant sur le côté sa casquette
plate et cirée qui le faisait ressembler au chas-
seur d'un hôtel anglais. Sa moustache déme-
surée, à longs poils droits, s'amincissant indé-
finiment de chaque côté et terminée par un
seul fil blond, si mince qu'on n'en apercevait
pas la fin, semblait peser sur les coins de sa
bouche, et, tirant la joue, imprimait aux lèvres
un pli tombant.

Il invita en français d'Alsacien les voya-
geurs à sortir, disant d'un ton raide : — «Fou-
lez-vous tescentre, messieurs et tames?»

Les deux bonnes sœurs obéirent les pre-

mières avec une docilité de saintes filles
habituées à toutes les soumissions. Le comte
et la comtesse parurent ensuite, suivis du ma-
nufacturier et de sa femme, puis de Loiseau
poussant devant lui sa grande moitié. Celui-ci,
en mettant pied à terre, dit à l'officier : —
«Bonjour, monsieur», par un sentiment de
prudence bien plus que de politesse. L'autre,
insolent comme les gens tout-puissants, le re-
garda sans répondre.

Boule de Suif et Cornudet, bien que près
de la portière, descendirent les derniers,
graves et hautains devant l'ennemi. La grosse
fille tâchait de se dominer et d'être calme : le
démoc tourmentait d'une main tragique et un
peu tremblante sa longue barbe roussâtre. Ils
voulaient garder de la dignité, comprenant
qu'en ces rencontres-là chacun représente un
peu son pays; et pareillement révoltés par la
souplesse de leurs compagnons, elle tâchait
de se montrer plus fière que ses voisines, les
femmes honnêtes, tandis que lui, sentant bien
qu'il devait l'exemple, continuait en toute son
attitude sa mission de résistance commencée
au défoncement des routes.

On entra dans la vaste cuisine de l'auberge,
et l'Allemand, s'étant fait présenter l'autorisa-

tion de départ signée par le général en chef
et où étaient mentionnés les noms, le signale-
ment et la profession de chaque voyageur,
examina longuement tout ce monde, com-
parant les personnes aux renseignements
écrits.

Puis il dit brusquement : — «C'est pien»,
et il disparut.

Alors on respira. On avait faim encore; le
souper fut commandé. Une demi-heure était
nécessaire pour l'apprêter; et, pendant que
deux servantes avaient l'air de s'en occuper,
on alla visiter les chambres. Elles se trouvaient
toutes dans un long couloir que terminait
une porte vitrée marquée d'un numéro par-
lant.

Enfin on allait se mettre à table, quand le
patron de l'auberge parut lui-même. C'était
un ancien marchand de chevaux, un gros
homme asthmatique, qui avait toujours des sif-
flements, des enrouements, des chants de
glaires dans le larynx. Son père lui avait
transmis le nom de Follenvie.

Il demanda :

— «Mademoiselle Élisabeth Rousset?»
Boule de Suif tressaillit, se retourna :

— «C'est moi.

— Mademoiselle, l'officier prussien veut vous parler immédiatement.

— A moi?

— Oui, si vous êtes bien mademoiselle Élisabeth Rousset.»

Elle se troubla, réfléchit une seconde, puis déclara carrément :

— «C'est possible, mais je n'irai pas.»

Un mouvement se fit autour d'elle; chacun discutait, cherchait la cause de cet ordre. Le comte s'approcha :

— «Vous avez tort, madame, car votre refus peut amener des difficultés considérables, non seulement pour vous, mais même pour tous vos compagnons. Il ne faut jamais résister aux gens qui sont les plus forts. Cette démarche assurément ne peut présenter aucun danger; c'est sans doute pour quelque formalité oubliée.»

Tout le monde se joignit à lui, on la pria, on la pressa, on la sermonna, et l'on finit par la convaincre; car tous redoutaient les complications qui pourraient résulter d'un coup de tête. Elle dit enfin :

— «C'est pour vous que je le fais, bien sûr!»

La comtesse lui prit la main :

«Et nous vous en remercions.»

Elle sortit. On l'attendit pour se mettre à table.

Chacun se désolait de n'avoir pas été demandé à la place de cette fille violente et irascible, et préparait mentalement des platitudes pour le cas où on l'appellerait à son tour.

Mais, au bout de dix minutes, elle reparut, soufflant, rouge à suffoquer, exaspérée. Elle balbutiait : — « Oh la canaille ! la canaille ! »

Tous s'empressaient pour savoir, mais elle ne dit rien ; et comme le comte insistait, elle répondit avec une grande dignité : — « Non, cela ne vous regarde pas, je ne peux pas parler. »

Alors on s'assit autour d'une haute soupière d'où sortait un parfum de choux. Malgré cette alerte, le souper fut gai. Le cidre était bon, le ménage Loiseau et les bonnes sœurs en prirent, par économie. Les autres demandèrent du vin ; Cornudet réclama de la bière. Il avait une façon particulière de déboucher la bouteille, de faire mousser le liquide, de le considérer en penchant le verre, qu'il élevait ensuite entre la lampe et son œil pour bien apprécier la couleur. Quand il buvait, sa grande barbe, qui avait gardé la nuance de son breu-

vage aimé, semblait tressaillir de tendresse;
ses yeux louchaient pour ne point perdre de
vue sa chope, et il avait l'air de remplir l'unique
fonction pour laquelle il était né. On eût dit
qu'il établissait en son esprit un rapproche-
ment et comme une affinité entre les deux
grandes passions qui occupaient toute sa vie :
le Pale Ale et la Révolution; et assurément
il ne pouvait déguster l'un sans songer à
l'autre.

M. et M^me Follenvie dînaient tout au bout
de la table. L'homme, râlant comme une lo-
comotive crevée, avait trop de tirage dans la
poitrine pour pouvoir parler en mangeant;
mais la femme ne se taisait jamais. Elle raconta
toutes ses impressions à l'arrivée des Prussiens,
ce qu'ils faisaient, ce qu'ils disaient, les exé-
crant, d'abord, parce qu'ils lui coûtaient de
l'argent, et, ensuite, parce qu'elle avait deux
fils à l'armée. Elle s'adressait surtout à la com-
tesse, flattée de causer avec une dame de qua-
lité.

Puis elle baissait la voix pour dire des choses
délicates, et son mari, de temps en temps,
l'interrompait : — «Tu ferais mieux de te taire,
madame Follenvie.» — Mais elle n'en tenait
aucun compte, et continuait :

— « Oui, madame, ces gens-là, ça ne fait
que manger des pommes de terre et du cochon,
et puis du cochon et des pommes de terre. Et
il ne faut pas croire qu'ils sont propres. — Oh
non ! — Ils ordurent partout, sauf le respect
que je vous dois. Et si vous les voyiez faire
l'exercice pendant des heures et des jours ; ils
sont là tous dans un champ : — et marche en
avant, et marche en arrière, et tourne par-ci,
et tourne par-là. — S'ils cultivaient la terre au
moins, ou s'ils travaillaient aux routes dans leur
pays ! — Mais non, madame, ces militaires,
ça n'est profitable à personne ! Faut-il que le
pauvre peuple les nourrisse pour n'apprendre
rien qu'à massacrer ! — Je ne suis qu'une vieille
femme sans éducation, c'est vrai, mais en les
voyant qui s'esquintent le tempérament à pié-
tiner du matin au soir, je me dis : — Quand il
y a des gens qui font tant de découvertes pour
être utiles, faut-il que d'autres se donnent tant
de mal pour être nuisibles ! Vraiment, n'est-ce
pas une abomination de tuer des gens, qu'ils
soient Prussiens, ou bien Anglais, ou bien
Polonais, ou bien Français ? — Si l'on se re-
venge sur quelqu'un qui vous a fait tort, c'est
mal, puisqu'on vous condamne ; mais quand
on extermine nos garçons comme du gibier,

avec des fusils, c'est donc bien, puisqu'on donne des décorations à celui qui en détruit le plus? — Non, voyez-vous, je ne comprendrai jamais ça!»

Cornudet éleva la voix :

— «La guerre est une barbarie quand on attaque un voisin paisible; c'est un devoir sacré quand on défend la patrie.»

La vieille femme baissa la tête :

— «Oui, quand on se défend, c'est autre chose; mais si l'on ne devrait pas plutôt tuer tous les rois qui font ça pour leur plaisir?»

L'œil de Cornudet s'enflamma :

— «Bravo, citoyenne!» dit-il.

M. Carré-Lamadon réfléchissait profondément. Bien qu'il fût fanatique des illustres capitaines, le bon sens de cette paysanne le faisait songer à l'opulence qu'apporteraient dans un pays tant de bras inoccupés et par conséquent ruineux, tant de forces qu'on entretient improductives, si on les employait aux grands travaux industriels qu'il faudra des siècles pour achever.

Mais Loiseau, quittant sa place, alla causer tout bas avec l'aubergiste. Le gros homme riait, toussait, crachait; son énorme ventre sautillait de joie aux plaisanteries de son voisin, et il lui

acheta six feuillettes de bordeaux pour le prin-
temps, quand les Prussiens seraient partis.

Le souper à peine achevé, comme on était
brisé de fatigue, on se coucha.

Cependant Loiseau, qui avait observé les
choses, fit mettre au lit son épouse, puis colla
tantôt son oreille et tantôt son œil au trou de
la serrure, pour tâcher de découvrir ce qu'il
appelait : « les mystères du corridor ».

Au bout d'une heure environ, il entendit
un frôlement, regarda bien vite, et aperçut
Boule de Suif qui paraissait plus replète encore
sous un peignoir de cachemire bleu, bordé de
dentelles blanches. Elle tenait un bougeoir à
la main et se dirigeait vers le gros numéro tout
au fond du couloir. Mais une porte, à côté,
s'entr'ouvrit, et, quand elle revint au bout de
quelques minutes, Cornudet, en bretelles, la
suivait. Ils parlaient bas, puis ils s'arrêtèrent.
Boule de Suif semblait défendre l'entrée de sa
chambre avec énergie. Loiseau, malheureuse-
ment, n'entendait pas les paroles, mais, à la
fin, comme ils élevaient la voix, il put en saisir
quelques-unes. Cornudet insistait avec viva-
cité. Il disait :

— « Voyons, vous êtes bête, qu'est-ce que
ça vous fait ? »

Elle avait l'air indignée et répondit :

— « Non, mon cher, il y a des moments où ces choses-là ne se font pas; et puis, ici, ce serait une honte. »

Il ne comprenait point, sans doute, et demanda pourquoi. Alors elle s'emporta, élevant encore le ton :

— « Pourquoi? Vous ne comprenez pas pourquoi? Quand il y a des Prussiens dans la maison, dans la chambre à côté, peut-être? »

Il se tut. Cette pudeur patriotique de catin qui ne se laissait point caresser près de l'ennemi dut réveiller en son cœur sa dignité défaillante, car, après l'avoir seulement embrassée, il regagna sa porte à pas de loup.

Loiseau, très allumé, quitta la serrure, battit un entrechat dans sa chambre, mit son madras, souleva le drap sous lequel gisait la dure carcasse de sa compagne qu'il réveilla d'un baiser en murmurant : — « M'aimes-tu chérie? »

Alors toute la maison devint silencieuse. Mais bientôt s'éleva quelque part, dans une direction indéterminée qui pouvait être la cave aussi bien que le grenier, un ronflement puissant, monotone, régulier, un bruit sourd

et prolongé, avec des tremblements de chau-
dière sous pression. M. Follenvie dormait.

Comme on avait décidé qu'on partirait à
huit heures le lendemain, tout le monde se
trouva dans la cuisine; mais la voiture, dont la
bâche avait un toit de neige, se dressait soli-
taire au milieu de la cour, sans chevaux et sans
conducteur. On chercha en vain celui-ci dans
les écuries, dans les fourrages, dans les re-
mises. Alors tous les hommes se résolurent à
battre le pays et ils sortirent. Ils se trouvèrent
sur la place, avec l'église au fond et, des deux
côtés, des maisons basses où l'on apercevait
des soldats prussiens. Le premier qu'ils virent
épluchait des pommes de terre. Le second,
plus loin, lavait la boutique du coiffeur. Un
autre, barbu jusqu'aux yeux, embrassait un
mioche qui pleurait et le berçait sur ses ge-
noux pour tâcher de l'apaiser; et les grosses
paysannes dont les hommes étaient à « l'armée
de la guerre » indiquaient par signes à leurs
vainqueurs obéissants le travail qu'il fallait
entreprendre : fendre du bois, tremper la
soupe, moudre le café; un d'eux même lavait
le linge de son hôtesse, une aïeule toute im-
potente.

Le comte, étonné, interrogea le bedeau

qui sortait du presbytère. Le vieux rat d'église
lui répondit : — « Oh! ceux-là ne sont pas
méchants; c'est pas des Prussiens à ce qu'on
dit. Ils sont de plus loin; je ne sais pas bien
d'où; et ils ont tous laissé une femme et des
enfants au pays; ça ne les amuse pas, la guerre,
allez! Je suis sûr qu'on pleure bien aussi là-
bas après les hommes; et ça fournira une
fameuse misère chez eux comme chez nous.
Ici, encore, on n'est pas trop malheureux
pour le moment, parce qu'ils ne font pas de
mal et qu'ils travaillent comme s'ils étaient
dans leurs maisons. Voyez-vous, monsieur,
entre pauvres gens, faut bien qu'on s'aide...
C'est les grands qui font la guerre. »

Cornudet, indigné de l'entente cordiale
établie entre les vainqueurs et les vaincus, se
retira, préférant s'enfermer dans l'auberge.
Loiseau eut un mot pour rire : — « Ils re-
peuplent. » M. Carré-Lamadon eut un mot
grave : — « Ils réparent. » Mais on ne trouvait
pas le cocher. A la fin on le découvrit dans
le café du village, attablé fraternellement avec
l'ordonnance de l'officier. Le comte l'inter-
pella :

— « Ne vous avait-on pas donné l'ordre
d'atteler pour huit heures?

« — Ah bien oui, mais on m'en a donné un autre depuis.

— Lequel?

— De ne pas atteler du tout.

— Qui vous a donné cet ordre?

— Ma foi! le commandant prussien.

— Pourquoi?

— Je n'en sais rien. Allez lui demander. On me défend d'atteler, moi je n'attelle pas. Voilà.

— C'est lui-même qui vous a dit cela?

— Non, monsieur, c'est l'aubergiste qui m'a donné l'ordre de sa part.

— Quand ça?

— Hier soir, comme j'allais me coucher. »

Les trois hommes rentrèrent fort inquiets.

On demanda M. Follenvie, mais la servante répondit que monsieur, à cause de son asthme, ne se levait jamais avant dix heures. Il avait même formellement défendu de le réveiller plus tôt, excepté en cas d'incendie.

On voulut voir l'officier, mais cela était impossible absolument, bien qu'il logeât dans l'auberge, M. Follenvie seul était autorisé a lui parler pour les affaires civiles. Alors on attendit. Les femmes remontèrent dans leurs chambres, et des futilités les occupèrent.

Cornudet s'installa sous la haute cheminée
de la cuisine où flambait un grand feu. Il se
fit apporter là une des petites tables du café,
une canette, et il tira sa pipe qui jouissait
parmi les démocrates d'une considération
presque égale à la sienne, comme si elle avait
servi la patrie en servant à Cornudet. C'était
une superbe pipe en écume admirablement
culottée, aussi noire que les dents de son
maître, mais parfumée, recourbée, luisante,
familière à sa main, et complétant sa physio-
nomie. Et il demeura immobile, les yeux
tantôt fixés sur la flamme du foyer, tantôt sur
la mousse qui couronnait sa chope; et chaque
fois qu'il avait bu, il passait d'un air satisfait
ses longs doigts maigres dans ses longs che-
veux gras pendant qu'il humait sa moustache
frangée d'écume.

Loiseau, sous prétexte de se dégourdir les
jambes, alla placer du vin aux débitants du
pays. Le comte et le manufacturier se mirent
à causer politique. Ils prévoyaient l'avenir de
la France. L'un croyait aux d'Orléans, l'autre
à un sauveur inconnu, un héros qui se révé-
lerait quand tout serait désespéré : un Du
Guesclin, une Jeanne d'Arc peut-être? ou un
autre Napoléon Ier? Ah! si le prince impérial

n'était pas si jeune! Cornudet, les écoutant, souriait en homme qui sait le mot des destinées. Sa pipe embaumait la cuisine.

Comme dix heures sonnaient, M. Follenvie parut. On l'interrogea bien vite; mais il ne put que répéter deux ou trois fois, sans une variante, ces paroles : — L'officier m'a dit comme ça : «Monsieur Follenvie, vous défendrez qu'on attelle demain la voiture de ces voyageurs. Je ne veux pas qu'ils partent sans mon ordre. Vous entendez. Ça suffit.»

Alors on voulut voir l'officier. Le comte lui envoya sa carte où M. Carré-Lamadon ajouta son nom et tous ses titres. Le Prussien fit répondre qu'il admettrait ces deux hommes à lui parler quand il aurait déjeuné, c'est-à-dire vers une heure.

Les dames reparurent et l'on mangea quelque peu, malgré l'inquiétude. Boule de Suif semblait malade et prodigieusement troublée.

On achevait le café quand l'ordonnance vint chercher ces messieurs.

Loiseau se joignit aux deux premiers; mais comme on essayait d'entraîner Cornudet pour donner plus de solennité à leur démarche, il déclara fièrement qu'il entendait n'avoir jamais aucun rapport avec les Allemands; et

il se remit dans sa cheminée, demandant une autre canette.

Les trois hommes montèrent et furent introduits dans la plus belle chambre de l'auberge où l'officier les reçut, étendu dans un fauteuil, les pieds sur la cheminée, fumant une longue pipe de porcelaine, et enveloppé par une robe de chambre flamboyante, dérobée sans doute dans la demeure abandonnée de quelque bourgeois de mauvais goût. Il ne se leva pas, ne les salua pas, ne les regarda pas. Il présentait un magnifique échantillon de la goujaterie naturelle au militaire victorieux.

Au bout de quelques instants il dit enfin :
— « Qu'est-ce que fous foulez ? »
Le comte prit la parole : — Nous désirons partir, monsieur.
— Non.
— Oserai-je vous demander la cause de ce refus ?
— Parce que che ne feux pas.
— Je vous ferai respectueusement observer, monsieur, que votre général en chef nous a délivré une permission de départ pour gagner Dieppe ; et je ne pense pas que nous ayons rien fait pour mériter vos rigueurs.

— Che ne feux pas... foilà tout... Fous poufez tescentre. »

S'étant inclinés tous les trois, ils se retirèrent.

L'après-midi fut lamentable. On ne comprenait rien à ce caprice d'Allemand; et les idées les plus singulières troublaient les têtes. Tout le monde se tenait dans la cuisine et l'on discutait sans fin, imaginant des choses invraisemblables. On voulait peut-être les garder comme otages — mais dans quel but? — ou les emmener prisonniers? ou, plutôt, leur demander une rançon considérable? A cette pensée, une panique les affola. Les plus riches étaient les plus épouvantés, se voyant déjà contraints, pour racheter leur vie, de verser des sacs pleins d'or entre les mains de ce soldat insolent. Ils se creusaient la cervelle pour découvrir des mensonges acceptables, dissimuler leurs richesses, se faire passer pour pauvres, très pauvres. Loiseau enleva sa chaîne de montre et la cacha dans sa poche. La nuit qui tombait augmenta les appréhensions. La lampe fut allumée, et comme on avait encore deux heures avant le dîner, M^{me} Loiseau proposa une partie de trente et un. Ce serait une distraction. On

accepta. Cornudet lui-même, ayant éteint sa pipe par politesse, y prit part.

Le comte battit les cartes — donna — Boule de Suif avait trente et un d'emblée; et bientôt l'intérêt de la partie apaisa la crainte qui hantait les esprits. Mais Cornudet s'aperçut que le ménage Loiseau s'entendait pour tricher.

Comme on allait se mettre à table, M. Follenvie reparut; et, de sa voix graillonnante, il prononça : « L'officier prussien fait demander à Mlle Élisabeth Rousset si elle n'a pas encore changé d'avis. »

Boule de Suif resta debout, toute pâle; puis, devenant subitement cramoisie, elle eut un tel étouffement de colère qu'elle ne pouvait plus parler. Enfin elle éclata : — « Vous lui direz à cette crapule, à ce saligaud, à cette charogne de Prussien, que jamais je ne voudrai; vous entendez bien, jamais, jamais, jamais. »

Le gros aubergiste sortit. Alors Boule de Suif fut entourée, interrogée, sollicitée par tout le monde de dévoiler le mystère de sa visite. Elle résista d'abord, mais l'exaspération l'emporta bientôt : — « Ce qu'il veut?... ce qu'il veut?... Il veut coucher avec moi! » cria-t-elle.

Personne ne se choqua du mot, tant l'indignation fut vive. Cornudet brisa sa chope en la reposant violemment sur la table. C'était une clameur de réprobation contre ce soudard ignoble, un souffle de colère, une union de tous pour la résistance, comme si l'on eût demandé à chacun une partie du sacrifice exigé d'elle. Le comte déclara avec dégoût que ces gens-là se conduisaient à la façon des anciens barbares. Les femmes surtout témoignèrent à Boule de Suif une commisération énergique et caressante. Les bonnes sœurs, qui ne se montraient qu'aux repas, avaient baissé la tête et ne disaient rien.

On dîna néanmoins lorsque la première fureur fut apaisée; mais on parla peu : on songeait.

Les dames se retirèrent de bonne heure; et les hommes, tout en fumant, organisèrent un écarté auquel fut convié M. Follenvie qu'on avait l'intention d'interroger habilement sur les moyens à employer pour vaincre la résistance de l'officier. Mais il ne songeait qu'à ses cartes, sans rien écouter, sans rien répondre; et il répétait sans cesse : — « Au jeu, messieurs, au jeu.» Son attention était si tendue qu'il en oubliait de cracher, ce qui lui met-

tait parfois des points d'orgue dans la poitrine. Ses poumons sifflants donnaient toute la gamme de l'asthme, depuis les notes graves et profondes jusqu'aux enrouements aigus des jeunes coqs essayant de chanter.

Il refusa même de monter, quand sa femme, qui tombait de sommeil, vint le chercher. Alors elle partit toute seule, car elle était «du matin», toujours levée avec le soleil, tandis que son homme était «du soir», toujours prêt à passer la nuit avec des amis. Il lui cria : — «Tu placeras mon lait de poule devant le feu,» et se remit à sa partie. Quand on vit bien qu'on n'en pourrait rien tirer, on déclara qu'il était temps de s'en aller, et chacun gagna son lit.

On se leva encore d'assez bonne heure le lendemain avec un espoir indéterminé, un désir plus grand de s'en aller, une terreur du jour à passer dans cette horrible petite auberge.

Hélas! les chevaux restaient à l'écurie, le cocher demeurait invisible. On alla, par désœuvrement, tourner autour de la voiture.

Le déjeuner fut bien triste; et il s'était produit comme un refroidissement vis-à-vis de Boule de Suif, car la nuit, qui porte conseil,

avait un peu modifié les jugements. On en voulait presque à cette fille, maintenant, de n'avoir pas été trouver secrètement le Prussien, afin de ménager, au réveil, une bonne surprise à ses compagnons. Quoi de plus simple ? Qui l'eût su, d'ailleurs ? Elle aurait pu sauver les apparences en faisant dire à l'officier qu'elle prenait en pitié leur détresse. Pour elle, ça avait si peu d'importance !

Mais personne n'avouait encore ces pensées.

Dans l'après-midi, comme on s'ennuyait à périr, le comte proposa de faire une promenade aux alentours du village. Chacun s'enveloppa avec soin et la petite société partit, à l'exception de Cornudet, qui préférait rester près du feu, et des bonnes sœurs, qui passaient leurs journées dans l'église ou chez le curé.

Le froid, plus intense de jour en jour, piquait cruellement le nez et les oreilles ; les pieds devenaient si douloureux que chaque pas était une souffrance ; et lorsque la campagne se découvrit, elle leur apparut si effroyablement lugubre sous cette blancheur illimitée que tout le monde aussitôt retourna, l'âme glacée et le cœur serré.

Les quatre femmes marchaient devant, les trois hommes suivaient, un peu derrière.

Loiseau, qui comprenait la situation, demanda tout à coup si cette «garce-là» allait les faire rester longtemps encore dans un pareil endroit. Le comte, toujours courtois, dit qu'on ne pouvait exiger d'une femme un sacrifice aussi pénible, et qu'il devait venir d'elle-même. M. Carré-Lamadon remarqua que si les Français faisaient, comme il en était question, un retour offensif par Dieppe, la rencontre ne pourrait avoir lieu qu'à Tôtes. Cette réflexion rendit les deux autres soucieux. — «Si l'on se sauvait à pied,» — dit Loiseau. Le comte haussa les épaules : — «Y songez-vous, dans cette neige? avec nos femmes? Et puis nous serions tout de suite poursuivis, rattrapés en dix minutes, et ramenés prisonniers à la merci des soldats.» — C'était vrai; on se tut.

Les dames parlaient toilette; mais une certaine contrainte semblait les désunir.

Tout à coup, au bout de la rue, l'officier parut. Sur la neige qui fermait l'horizon, il profilait sa grande taille de guêpe en uniforme, et marchait, les genoux écartés, de ce mouvement particulier aux militaires qui

s'efforcent de ne point maculer leurs bottes soigneusement cirées.

Il s'inclina en passant près des dames, et regarda dédaigneusement les hommes qui eurent, du reste, la dignité de ne se point découvrir, bien que Loiseau ébauchât un geste pour retirer sa coiffure.

Boule de Suif était devenue rouge jusqu'aux oreilles; et les trois femmes mariées ressentaient une grande humiliation d'être ainsi rencontrées par ce soldat, dans la compagnie de cette fille qu'il avait si cavalièrement traitée.

Alors on parla de lui, de sa tournure, de son visage. M^{me} Carré-Lamadon, qui avait connu beaucoup d'officiers et qui les jugeait en connaisseur, trouvait celui-là pas mal du tout; elle regrettait même qu'il ne fût pas Français, parce qu'il ferait un fort joli hussard dont toutes les femmes assurément raffoleraient.

Une fois rentrés, on ne sut plus que faire. Des paroles aigres furent même échangées à propos de choses insignifiantes. Le dîner, silencieux, dura peu, et chacun monta se coucher, espérant dormir pour tuer le temps.

On descendit le lendemain avec des visages

fatigués et des cœurs exaspérés. Les femmes
parlaient à peine à Boule de Suif.

Une cloche tinta. C'était pour un baptême.
La grosse fille avait un enfant élevé chez des
paysans d'Yvetot. Elle ne le voyait pas une
fois l'an, et n'y songeait jamais ; mais la pensée
de celui qu'on allait baptiser lui jeta au cœur
une tendresse subite et violente pour le sien,
et elle voulut absolument assister à la céré-
monie.

Aussitôt qu'elle fut partie, tout le monde
se regarda, puis on rapprocha les chaises,
car on sentait bien qu'à la fin il fallait dé-
cider quelque chose. Loiseau eut une inspi-
ration : il était d'avis de proposer à l'officier
de garder Boule de Suif toute seule, et de
laisser partir les autres.

M. Follenvie se chargea encore de la com-
mission, mais il redescendit presque aussitôt.
L'Allemand, qui connaissait la nature hu-
maine, l'avait mis à la porte. Il prétendait
retenir tout le monde tant que son désir ne
serait pas satisfait.

Alors le tempérament populacier de
M^me Loiseau éclata : — «Nous n'allons pourtant
pas mourir de vieillesse ici. Puisque c'est son
métier, à cette gueuse, de faire ça avec tous

les hommes, je trouve qu'elle n'a pas le droit
de refuser l'un plutôt que l'autre. Je vous de-
mande un peu, ça a pris tout ce qu'elle a
trouvé dans Rouen, même des cochers! oui,
madame, le cocher de la préfecture! Je le
sais bien, moi, il achète son vin à la maison.
Et aujourd'hui qu'il s'agit de nous tirer d'em-
barras, elle fait la mijaurée, cette morveuse!...
Moi, je trouve qu'il se conduit très bien, cet
officier. Il est peut-être privé depuis long-
temps; et nous étions là trois qu'il aurait sans
doute préférées. Mais non, il se contente de
celle à tout le monde. Il respecte les femmes
mariées. Songez donc, il est le maître. Il
n'avait qu'à dire : «Je veux», et il pouvait
nous prendre de force avec ses soldats.»

Les deux femmes eurent un petit frisson.
Les yeux de la jolie M^me Carré-Lamadon bril-
laient, et elle était un peu pâle, comme si
elle se sentait déjà prise de force par l'of-
ficier.

Les hommes, qui discutaient à l'écart, se
rapprochèrent. Loiseau, furibond, voulait
livrer «cette misérable» pieds et poings liés
à l'ennemi. Mais le comte, issu de trois
générations d'ambassadeurs, et doué d'un
physique de diplomate, était partisan de

l'habileté : — « Il faudrait la décider », —
dit-il.

Alors on conspira.

Les femmes se serrèrent, le ton de la voix
fut baissé, et la discussion devint générale,
chacun donnant son avis. C'était fort conve-
nable du reste. Ces dames surtout trouvaient
des délicatesses de tournures, des subtilités
d'expression charmantes, pour dire les choses
les plus scabreuses. Un étranger n'aurait rien
compris, tant les précautions du langage
étaient observées. Mais la légère tranche de
pudeur dont est bardée toute femme du
monde ne recouvrant que la surface, elles
s'épanouissaient dans cette aventure polis-
sonne, s'amusaient follement au fond, se sen-
tant dans leur élément, tripotant de l'amour
avec la sensualité d'un cuisinier gourmand
qui prépare le souper d'un autre.

La gaieté revenait d'elle-même, tant l'his-
toire leur semblait drôle à la fin. Le comte
trouva des plaisanteries un peu risquées, mais
si bien dites qu'elles faisaient sourire. A son
tour Loiseau lâcha quelques grivoiseries plus
raides dont on ne se blessa point; et la pensée
brutalement exprimée par sa femme dominait
tous les esprits : « Puisque c'est son métier, à

cette fille, pourquoi refuserait-elle celui-là plus qu'un autre?» La gentille M^{me} Carré-Lamadon semblait même penser qu'à sa place elle refuserait celui-là moins qu'un autre.

On prépara longuement le blocus, comme pour une forteresse investie. Chacun convint du rôle qu'il jouerait, des arguments dont il s'appuierait, des manœuvres qu'il devrait exécuter. On régla le plan des attaques, les ruses à employer, et les surprises de l'assaut, pour forcer cette citadelle vivante à recevoir l'ennemi dans la place.

Cornudet cependant restait à l'écart, complètement étranger à cette affaire.

Une attention si profonde tendait les esprits, qu'on n'entendit point rentrer Boule de Suif. Mais le comte souffla un léger : «Chut» qui fit relever tous les yeux. Elle était là. On se tut brusquement et un certain embarras empêcha d'abord de lui parler. La comtesse, plus assouplie que les autres aux duplicités des salons, l'interrogea : — «Était-ce amusant, ce baptême?»

La grosse fille, encore émue, raconta tout, et les figures, et les attitudes, et l'aspect même de l'église. Elle ajouta : — «C'est si bon de prier quelquefois.»

Cependant, jusqu'au déjeuner, ces dames se contentèrent d'être aimables avec elle, pour augmenter sa confiance et sa docilité à leurs conseils.

Aussitôt à table, on commença les approches. Ce fut d'abord une conversation vague sur le dévouement. On cita des exemples anciens : Judith et Holopherne, puis, sans aucune raison, Lucrèce avec Sextus, Cléopâtre faisant passer par sa couche tous les généraux ennemis, et les y réduisant à des servilités d'esclave. Alors se déroula une histoire fantaisiste, éclose dans l'imagination de ces millionnaires ignorants, où les citoyennes de Rome allaient endormir à Capoue Annibal entre leurs bras, et, avec lui, ses lieutenants, et les phalanges des mercenaires. On cita toutes les femmes qui ont arrêté des conquérants, fait de leur corps un champ de bataille, un moyen de dominer, une arme, qui ont vaincu par leurs caresses héroïques des êtres hideux ou détestés, et sacrifié leur chasteté à la vengeance et au dévouement.

On parla même en termes voilés de cette Anglaise de grande famille qui s'était laissé inoculer une horrible et contagieuse maladie

pour la transmettre à Bonaparte sauvé mira-
culeusement, par une faiblesse subite, à l'heure
du rendez-vous fatal.

Et tout cela était raconté d'une façon
convenable et modérée, où parfois éclatait
un enthousiasme voulu propre à exciter l'ému-
lation.

On aurait pu croire, à la fin, que le seul
rôle de la femme, ici-bas, était un perpétuel
sacrifice de sa personne, un abandon continu
aux caprices des soldatesques.

Les deux bonnes sœurs ne semblaient
point entendre, perdues en des pensées pro-
fondes. Boule de Suif ne disait rien.

Pendant toute l'après-midi, on la laissa ré-
fléchir. Mais, au lieu de l'appeler «madame»
comme on avait fait jusque-là, on lui disait
simplement «mademoiselle», sans que per-
sonne sût bien pourquoi, comme si l'on avait
voulu la faire descendre d'un degré dans
l'estime qu'elle avait escaladée, lui faire sentir
sa situation honteuse.

Au moment où l'on servit le potage,
M. Follenvie reparut, répétant sa phrase de
la veille : — «L'officier prussien fait deman-
der à M^lle Élisabeth Rousset si elle n'a point
encore changé d'avis.»

Boule de Suif répondit sèchement :—«Non, monsieur. »

Mais au dîner la coalition faiblit. Loiseau eut trois phrases malheureuses. Chacun se battait les flancs pour découvrir des exemples nouveaux et ne trouvait rien, quand la comtesse, sans préméditation peut-être, éprouvant un vague besoin de rendre hommage à la Religion, interrogea la plus âgée des bonnes sœurs sur les grands faits de la vie des saints. Or beaucoup avaient commis des actes qui seraient des crimes à nos yeux ; mais l'Église absout sans peine ces forfaits quand ils sont accomplis pour la gloire de Dieu, ou pour le bien du prochain. C'était un argument puissant ; la comtesse en profita. Alors, soit par une de ces ententes tacites, de ces complaisances voilées, où excelle quiconque porte un habit ecclésiastique, soit simplement par l'effet d'une inintelligence heureuse, d'une secourable bêtise, la vieille religieuse apporta à la conspiration un formidable appui. On la croyait timide, elle se montra hardie, verbeuse, violente. Celle-là n'était pas troublée par les tâtonnements de la casuistique ; sa doctrine semblait une barre de fer ; sa foi n'hésitait jamais ; sa conscience n'avait point

de scrupules. Elle trouvait tout simple le sa-
crifice d'Abraham, car elle aurait immédiate-
ment tué père et mère sur un ordre venu
d'en haut; et rien, à son avis, ne pouvait
déplaire au Seigneur quand l'intention était
louable. La comtesse, mettant à profit l'au-
torité sacrée de sa complice inattendue, lui
fit faire comme une paraphrase édifiante de
cet axiome de morale : «La fin justifie les
moyens.»

Elle l'interrogeait.

— «Alors, ma sœur, vous pensez que Dieu
accepte toutes les voies, et pardonne le fait
quand le motif est pur?

— Qui pourrait en douter, madame? Une
action blâmable en soi devient souvent mé-
ritoire par la pensée qui l'inspire.»

Et elles continuaient ainsi, démêlant les
volontés de Dieu, prévoyant ses décisions,
le faisant s'intéresser à des choses qui, vrai-
ment, ne le regardaient guère.

Tout cela était enveloppé, habile, discret.
Mais chaque parole de la sainte fille en cor-
nette faisait brèche dans la résistance indignée
de la courtisane. Puis, la conversation se dé-
tournant un peu, la femme aux chapelets
pendants parla des maisons de son ordre, de

sa supérieure, d'elle-même, et de sa mignonne voisine, la chère sœur Saint-Nicéphore. On les avait demandées au Havre pour soigner dans les hôpitaux des centaines de soldats atteints de la petite vérole. Elle les dépeignit, ces misérables, détailla leur maladie. Et tandis qu'elles étaient arrêtées en route par les caprices de ce Prussien, un grand nombre de Français pouvaient mourir qu'elles auraient sauvés peut-être! C'était sa spécialité, à elle, de soigner les militaires; elle avait été en Crimée, en Italie, en Autriche, et, racontant ses campagnes, elle se révéla tout à coup une de ces religieuses à tambours et à trompettes qui semblent faites pour suivre les camps, ramasser des blessés dans les remous des batailles, et, mieux qu'un chef, dompter d'un mot les grands soudards indisciplinés; une vraie bonne sœur Ran-tan-plan dont la figure ravagée, crevée de trous sans nombre, paraissait une image des dévastations de la guerre.

Personne ne dit rien après elle, tant l'effet semblait excellent.

Aussitôt le repas terminé, on remonta bien vite dans les chambres pour ne descendre, le lendemain, qu'assez tard dans la matinée.

Le déjeuner fut tranquille. On donnait à la graine semée la veille le temps de germer et de pousser ses fruits.

La comtesse proposa de faire une promenade dans l'après-midi; alors le comte, comme il était convenu, prit le bras de Boule de Suif, et demeura derrière les autres, avec elle.

Il lui parla de ce ton familier, paternel, un peu dédaigneux, que les hommes posés emploient avec les filles, l'appelant : « ma chère enfant », la traitant du haut de sa position sociale, de son honorabilité indiscutée. Il pénétra tout de suite au vif de la question :

— « Donc, vous préférez nous laisser ici, exposés comme vous-même à toutes les violences qui suivraient un échec des troupes prussiennes, plutôt que de consentir à une de ces complaisances que vous avez eues si souvent en votre vie? »

Boule de Suif ne répondit rien.

Il la prit par la douceur, par le raisonnement, par les sentiments. Il sut rester « monsieur le comte », tout en se montrant galant quand il le fallut, complimenteur, aimable enfin. Il exalta le service qu'elle leur rendrait, parla de leur reconnaissance; puis soudain, la

tutoyant gaiement : — « Et tu sais, ma chère, il pourrait se vanter d'avoir goûté d'une jolie fille comme il n'en trouvera pas beaucoup dans son pays. »

Boule de Suif ne répondit pas et rejoignit la société.

Aussitôt rentrée, elle monta chez elle et ne reparut plus. L'inquiétude était extrême. Qu'allait-elle faire? Si elle résistait, quel embarras!

L'heure du dîner sonna; on l'attendit en vain. M. Follenvie, entrant alors, annonça que M^{lle} Rousset se sentait indisposée, et qu'on pouvait se mettre à table. Tout le monde dressa l'oreille. Le comte s'approcha de l'aubergiste, et, tout bas : « Ça y est? » — « Oui. » — Par convenance, il ne dit rien à ses compagnons, mais il leur fit seulement un léger signe de la tête. Aussitôt un grand soupir de soulagement sortit de toutes les poitrines, une allégresse parut sur les visages. Loiseau cria : — « Saperlipopette! je paye du champagne si l'on en trouve dans l'établissement; » — et M^{me} Loiseau eut une angoisse lorsque le patron revint avec quatre bouteilles aux mains. Chacun était devenu subitement communicatif et bruyant; une joie égrillarde emplissait

les cœurs. Le comte parut s'apercevoir que M^me Carré-Lamadon était charmante, le manufacturier fit des compliments à la comtesse. La conversation fut vive, enjouée, pleine de traits.

Tout à coup, Loiseau, la face anxieuse et levant les bras, hurla : — « Silence ! » — Tout le monde se tut, surpris, presque effrayé déjà. Alors il tendit l'oreille en faisant « Chut ! » des deux mains, leva les yeux vers le plafond, écouta de nouveau, et reprit, de sa voix naturelle : — « Rassurez-vous, tout va bien. »

On hésitait à comprendre, mais bientôt un sourire passa.

Au bout d'un quart d'heure il recommença la même farce, la renouvela souvent dans la soirée ; et il faisait semblant d'interpeller quelqu'un à l'étage au-dessus, en lui donnant des conseils à double sens puisés dans son esprit de commis voyageur. Par moments il prenait un air triste pour soupirer : — « Pauvre fille ; » — ou bien il murmurait entre ses dents d'un air rageur : — « Gueux de Prussien, va ! » — Quelquefois, au moment où l'on n'y songeait plus, il poussait, d'une voix vibrante, plusieurs : — « Assez ! assez ! » — et ajoutait, comme se parlant à lui-même : — « Pourvu

que nous la revoyions; qu'il ne l'en fasse pas mourir, le misérable!»

Bien que ces plaisanteries fussent d'un goût déplorable, elles amusaient et ne blessaient personne, car l'indignation dépend des milieux comme le reste, et l'atmosphère qui s'était peu à peu créée autour d'eux était chargée de pensées grivoises.

Au dessert, les femmes elles-mêmes firent des allusions spirituelles et discrètes. Les regards luisaient; on avait bu beaucoup. Le comte, qui conservait, même en ses écarts, sa grande apparence de gravité, trouva une comparaison fort goûtée sur la fin des hivernages au pôle et la joie des naufragés qui voient s'ouvrir une route vers le sud.

Loiseau, lancé, se leva, un verre de champagne à la main : «Je bois à notre délivrance!» — Tout le monde fut debout; on l'acclamait. Les deux bonnes sœurs, elles-mêmes, sollicitées par ces dames, consentirent à tremper leurs lèvres dans ce vin mousseux dont elles n'avaient jamais goûté. Elles déclarèrent que cela ressemblait à la limonade gazeuse, mais que c'était plus fin cependant.

Loiseau résuma la situation.

— «C'est malheureux de ne pas avoir de

piano parce qu'on pourrait pincer un quadrille. »

Cornudet n'avait pas dit un mot, pas fait un geste; il paraissait même plongé dans des pensées très graves, et tirait parfois, d'un geste furieux, sa grande barbe qu'il semblait vouloir allonger encore. Enfin, vers minuit, comme on allait se séparer, Loiseau, qui titubait, lui tapa soudain sur le ventre et lui dit en bredouillant : — « Vous n'êtes pas farce, vous, ce soir; vous ne dites rien, citoyen? » — Mais Cornudet releva brusquement la tête, et, parcourant la société d'un regard luisant et terrible : — « Je vous dis à tous que vous venez de faire une infamie! » — Il se leva, gagna la porte, répéta encore une fois : « Une infamie! » et disparut.

Cela jeta un froid d'abord. Loiseau, interloqué, restait bête, mais il reprit son aplomb, puis, tout à coup, se tordit en répétant : — « Ils sont trop verts, mon vieux, ils sont trop verts. » — Comme on ne comprenait pas, il raconta les « mystères du corridor ». Alors il y eut une reprise de gaieté formidable. Ces dames s'amusaient comme des folles. Le comte et M. Carré-Lamadon pleuraient à force de rire. Ils ne pouvaient croire.

— « Comment! vous êtes sûr? Il voulait...

— Je vous dis que je l'ai vu.

— Et, elle a refusé...

— Parce que le Prussien était dans la chambre à côté.

— Pas possible?

— Je vous le jure. »

Le comte étouffait. L'industriel se comprimait le ventre à deux mains. Loiseau continuait :

— « Et, vous comprenez, ce soir, il ne la trouve pas drôle, mais pas du tout. »

Et tous les trois repartaient, malades, essoufflés, toussant.

On se sépara là-dessus. Mais M^{me} Loiseau, qui était de la nature des orties, fit remarquer à son mari, au moment où ils se couchaient, que « cette chipie » de petite Carré-Lamadon avait ri jaune toute la soirée : — « Tu sais, les femmes, quand ça en tient pour l'uniforme, qu'il soit Français ou bien Prussien, ça leur est, ma foi, bien égal. Si ce n'est pas une pitié, Seigneur Dieu! »

Et toute la nuit, dans l'obscurité du corridor coururent comme des frémissements, des bruits légers, à peine sensibles, pareils à des souffles, des effleurements de pieds nus, d'im-

perceptibles craquements. Et l'on ne dormit que très tard, assurément, car des filets de lumière glissèrent longtemps sous les portes. Le champagne a de ces effets-là; il trouble, dit-on, le sommeil.

Le lendemain, un clair soleil d'hiver rendait la neige éblouissante. La diligence, attelée enfin, attendait devant la porte, tandis qu'une armée de pigeons blancs, rengorgés dans leurs plumes épaisses, avec un œil rose, taché, au milieu, d'un point noir, se promenaient gravement entre les jambes des six chevaux, et cherchaient leur vie dans le crottin fumant qu'ils éparpillaient.

Le cocher, enveloppé dans sa peau de mouton, grillait une pipe sur son siège, et tous les voyageurs, radieux, faisaient rapidement empaqueter des provisions pour le reste du voyage.

On n'attendait plus que Boule de Suif. Elle parut.

Elle semblait un peu troublée, honteuse; et elle s'avança timidement vers ses compagnons, qui, tous, d'un même mouvement, se détournèrent comme s'ils ne l'avaient pas aperçue. Le comte prit avec dignité le bras de sa femme et l'éloigna de ce contact impur.

La grosse fille s'arrêta, stupéfaite ; alors ramassant tout son courage, elle aborda la femme du manufacturier d'un « bonjour, madame » humblement murmuré. L'autre fit de la tête seule un petit salut impertinent qu'elle accompagna d'un regard de vertu outragée. Tout le monde semblait affairé, et l'on se tenait loin d'elle comme si elle eût apporté une infection dans ses jupes. Puis on se précipita vers la voiture où elle arriva seule, la dernière, et reprit en silence la place qu'elle avait occupée pendant la première partie de la route.

On semblait ne pas la voir, ne pas la connaître ; mais M^me Loiseau, la considérant de loin avec indignation, dit à mi-voix à son mari : — « Heureusement que je ne suis pas à côté d'elle. »

La lourde voiture s'ébranla, et le voyage recommença.

On ne parla point d'abord. Boule de Suif n'osait pas lever les yeux. Elle se sentait en même temps indignée contre tous ses voisins, et humiliée d'avoir cédé, souillée par les baisers de ce Prussien entre les bras duquel on l'avait hypocritement jetée.

Mais la comtesse, se tournant vers M^me Carré-Lamadon, rompit bientôt ce pénible silence.

— « Vous connaissez, je crois, M^{me} d'É-
trelles?

— Oui, c'est une de mes amies.

— Quelle charmante femme !

— Ravissante ! Une vraie nature d'élite, fort
instruite d'ailleurs, et artiste jusqu'au bout des
doigts ; elle chante à ravir et dessine dans la
perfection. »

Le manufacturier causait avec le comte, et
au milieu du fracas des vitres un mot parfois
jaillissait : « Coupon — échéance — prime —
à terme. »

Loiseau, qui avait chipé le vieux jeu de
cartes de l'auberge, engraissé par cinq ans
de frottement sur les tables mal essuyées, atta-
qua un bésigue avec sa femme.

Les bonnes sœurs prirent à leur ceinture
le long rosaire qui pendait, firent ensemble le
signe de la croix, et tout à coup leurs lèvres
se mirent à remuer vivement, se hâtant de
plus en plus, précipitant leur vague murmure
comme pour une course d'*oremus ;* et de temps
en temps elles baisaient une médaille, se
signaient de nouveau, puis recommençaient
leur marmottement rapide et continu.

Cornudet songeait, immobile.

Au bout de trois heures de route, Loi-

seau ramassa ses cartes : — « Il fait faim »,
dit-il.

Alors sa femme atteignit un paquet ficelé
d'où elle fit sortir un morceau de veau froid.
Elle le découpa proprement par tranches
minces et fermes, et tous deux se mirent à
manger.

— « Si nous en faisions autant », — dit la
comtesse. On y consentit et elle déballa les
provisions préparées pour les deux ménages.
C'était, dans un de ces vases allongés dont le
couvercle porte un lièvre en faïence, pour in-
diquer qu'un lièvre en pâté gît au-dessous,
une charcuterie succulente, où de blanches ri-
vières de lard traversaient la chair brune du
gibier, mêlée à d'autres viandes hachées fin.
Un beau carré de gruyère, apporté dans un
journal, gardait imprimé : « faits divers » sur
sa pâte onctueuse.

Les deux bonnes sœurs développèrent un
rond de saucisson qui sentait l'ail; et Cornu-
det, plongeant les deux mains en même temps
dans les vastes poches de son paletot sac, tira
de l'une quatre œufs durs et de l'autre le croû-
ton d'un pain. Il détacha la coque, la jeta sous
ses pieds dans la paille et se mit à mordre à
même les œufs, faisant tomber sur sa vaste

barbe des parcelles de jaune clair qui semblaient, là dedans, des étoiles.

Boule de Suif, dans la hâte et l'effarement de son lever, n'avait pu songer à rien ; et elle regardait, exaspérée, suffoquant de rage, tous ces gens qui mangeaient placidement. Une colère tumultueuse la crispa d'abord, et elle ouvrit la bouche pour leur crier leur fait avec un flot d'injures qui lui montait aux lèvres ; mais elle ne pouvait pas parler tant l'exaspération l'étranglait.

Personne ne la regardait, ne songeait à elle. Elle se sentait noyée dans le mépris de ces gredins honnêtes qui l'avaient sacrifiée d'abord, rejetée ensuite, comme une chose malpropre et inutile. Alors elle songea à son grand panier tout plein de bonnes choses qu'ils avaient goulûment dévorées, à ses deux poulets luisants de gelée, à ses pâtés, à ses poires, à ses quatre bouteilles de bordeaux ; et sa fureur tombant soudain, comme une corde trop tendue qui casse, elle se sentit prête à pleurer. Elle fit des efforts terribles, se roidit, avala ses sanglots comme les enfants, mais les pleurs montaient, luisaient au bord de ses paupières, et bientôt deux grosses larmes, se détachant des yeux, roulèrent

lentement sur ses joues. D'autres les suivirent plus rapides, coulant comme les gouttes d'eau qui filtrent d'une roche, et tombant régulièrement sur la courbe rebondie de sa poitrine. Elle restait droite, le regard fixe, la face rigide et pâle, espérant qu'on ne la verrait pas.

Mais la comtesse s'en aperçut et prévint son mari d'un signe. Il haussa les épaules comme pour dire : « Que voulez-vous, ce n'est pas ma faute. » M^{me} Loiseau eut un rire muet de triomphe et murmura : — « Elle pleure sa honte. »

Les deux bonnes sœurs s'étaient remises à prier, après avoir roulé dans un papier le reste de leur saucisson.

Alors Cornudet, qui digérait ses œufs, étendit ses longues jambes sous la banquette d'en face, se renversa, croisa ses bras, sourit comme un homme qui vient de trouver une bonne farce, et se mit à siffloter la *Marseillaise.*

Toutes les figures se rembrunirent. Le chant populaire, assurément, ne plaisait point à ses voisins. Ils devinrent nerveux, agacés, et avaient l'air prêts à hurler comme des chiens qui entendent un orgue de Barbarie. Il s'en

aperçut, ne s'arrêta plus. Parfois même il fredonnait les paroles :

> Amour sacré de la patrie,
> Conduis, soutiens nos bras vengeurs,
> Liberté, liberté chérie,
> Combats avec tes défenseurs !

On fuyait plus vite, la neige étant plus dure ; et jusqu'à Dieppe, pendant les longues heures mornes du voyage, à travers les cahots du chemin, par la nuit tombante, puis dans l'obscurité profonde de la voiture, il continua, avec une obstination féroce, son sifflement vengeur et monotone, contraignant les esprits las et exaspérés à suivre le chant d'un bout à l'autre, à se rappeler chaque parole qu'ils appliquaient sur chaque mesure.

Et Boule de Suif pleurait toujours ; et parfois un sanglot, qu'elle n'avait pu retenir, passait, entre deux couplets, dans les ténèbres.

NOTES.

Boule de Suif a paru pour la première fois en 1880, dans les *Soirées de Médan*, avec l'*Attaque du Moulin* de Zola, *Sac au dos* de Huysmans, la *Saignée* d'Henry Céard, l'*Affaire du Grand 7* de Léon Hennique, et *Après la Bataille* de Paul Alexis. Boule de Suif a réellement existé et s'appelait de son vrai nom Adrienne Legay.

LES

SOIRÉES DE MÉDAN.

LES

SOIRÉES DE MÉDAN.

———

COMMENT CE LIVRE A ÉTÉ FAIT.

———

A M. le Directeur du Gaulois.

Votre journal fut le premier à annoncer les *Soirées de Médan*, et vous me demandez aujourd'hui quelques détails particuliers sur les origines de ce volume. Il vous paraîtrait intéressant de savoir ce que nous avons prétendu faire, si nous avons voulu affirmer une idée d'école et lancer un manifeste.

Je réponds à ces quelques questions.

Nous n'avons pas la prétention d'être une école. Nous sommes simplement quelques amis, qu'une admiration commune a fait se rencontrer chez Zola, et qu'ensuite une affinité de tempéraments, des sentiments très

6

semblables sur toutes choses, une même ten-
dance philosophique ont liés de plus en
plus.

Quant à moi, qui ne suis encore rien
comme littérateur, comment pourrais-je avoir
la prétention d'appartenir à une école ? J'ad-
mire indistinctement tout ce qui me paraît
supérieur, à tous les siècles et dans tous les
genres.

Cependant, il s'est fait évidemment en
nous une réaction inconsciente, fatale, contre
l'esprit romantique, par cette seule raison que
les générations littéraires se suivent et ne se
ressemblent pas.

Mais, du reste, ce qui nous choque dans
le romantisme, d'où sont sorties d'impéris-
sables œuvres d'art, c'est uniquement son ré-
sultat philosophique. Nous nous plaignons de
ce que l'œuvre de Hugo ait détruit en partie
l'œuvre de Voltaire et de Diderot. Par la sen-
timentalité ronflante des romantiques, par
leur méconnaissance dogmatique du droit et
de la logique, le vieux bon sens, la vieille
sagesse de Montaigne et de Rabelais ont
presque disparu de notre pays. Ils ont sub-
stitué l'idée de pardon à l'idée de justice,
semant chez nous une sensiblerie miséricor-

dieuse et sentimentale qui a remplacé la raison.

C'est grâce à eux que les salles de théâtre, pleines de messieurs véreux et de filles, ne peuvent tolérer sur la scène un simple fripon. C'est la morale romantique des foules qui force souvent les tribunaux à acquitter des particuliers et des drôlesses attendrissants, mais sans excuse.

J'ai pour les grands maîtres de cette école (puisqu'il s'agit d'école) une admiration sans limites, jointe souvent à une révolte de ma raison; car je trouve que Schopenhauer et Herbert Spencer ont sur la vie beaucoup d'idées plus droites que l'illustre auteur des *Misérables*. — Voilà la seule critique que j'oserais faire, et il ne s'agit pas ici de littérature. — Littérairement, ce qui nous paraît haïssable, ce sont les vieilles orgues de Barbarie larmoyantes, dont Jean-Jacques Rousseau a inventé le mécanisme et dont une suite de romanciers, arrêtés, je l'espère, à M. Feuillet, s'est obstinée à tourner la manivelle, répétant invariablement les mêmes airs langoureux et faux.

Quant aux querelles sur les mots : réalisme et idéalisme, je ne les comprends pas.

Une loi philosophique inflexible nous ap-

6.

prend que nous ne pouvons rien imaginer en
dehors de ce qui tombe sous nos sens; et la
preuve de cette impuissance, c'est la stupidité
des conceptions dites idéales, des paradis in-
ventés par toutes les religions. Nous avons
donc ce seul objectif : l'Être et la Vie, qu'il
faut savoir comprendre et interpréter en ar-
tiste. Si on n'en donne pas l'expression à la
fois exacte et artistiquement supérieure, c'est
qu'on n'a pas assez de talent.

Quand un monsieur, qualifié de réaliste, a
le souci d'écrire le mieux possible, est sans
cesse poursuivi par des préoccupations d'art,
c'est, à mon sens, un idéaliste. Quant à celui
qui affiche la prétention de faire la vie plus
belle que nature, comme si on pouvait l'ima-
giner autre qu'elle n'est, de mettre du ciel
dans ses livres, et qui écrit en « romancier
pour les dames », ce n'est, à mon avis du
moins, qu'un charlatan ou un imbécile. —
J'adore les contes de fées et j'ajoute que ces
sortes de conceptions doivent être plus vrai-
semblables, dans leur domaine particulier,
que n'importe quel roman de mœurs de la
vie contemporaine.

Voici maintenant quelques notes sur notre
volume.

Nous nous trouvions réunis, l'été, chez Zola, dans sa propriété de Médan.

Pendant les longues digestions des longs repas (car nous sommes tous gourmands et gourmets, et Zola mange à lui seul comme trois romanciers ordinaires), nous causions. Il nous racontait ses futurs romans, ses idées littéraires, ses opinions sur toutes choses. Quelquefois il prenait un fusil, qu'il manœuvrait en myope, et, tout en parlant, il tirait sur des touffes d'herbe que nous lui affirmions être des oiseaux, s'étonnant considérablement quand il ne retrouvait aucun cadavre.

Certains jours on pêchait à la ligne. Hennique alors se distinguait, au grand désespoir de Zola, qui n'attrapait que des savetiers.

Moi, je restais étendu dans la barque la *Nana*, ou bien je me baignais pendant des heures, tandis que Paul Alexis rôdait avec des idées grivoises, que Huysmans fumait des cigarettes, et que Céard s'embêtait, trouvant stupide la campagne.

Ainsi se passaient les après-midi; mais, comme les nuits étaient magnifiques, chaudes, pleines d'odeurs de feuilles, nous allions chaque soir nous promener dans la *grande île* en face.

Je passais tout le monde dans la *Nana*.

Or, par une nuit de pleine lune, nous parlions de Mérimée, dont les dames disaient : « Quel charmant conteur ! » Huysmans prononça à peu près ces paroles : « Un conteur est un monsieur qui, ne sachant pas écrire, débite prétentieusement des balivernes. »

On en vint à parcourir tous les conteurs célèbres et à vanter les raconteurs de vive voix, dont le plus merveilleux, à notre connaissance, est le grand Russe Tourgueneff, ce maître presque français; Paul Alexis prétendait qu'un conte écrit est très difficile à faire. Céard, un sceptique, regardant la lune, murmura : « Voici un beau décor romantique, on devrait l'utiliser... » Huysmans ajouta : « ... en racontant des histoires de sentiment. » Mais Zola trouva que c'était une idée, qu'il fallait se dire des histoires. L'invention nous fit rire, et on convint, pour augmenter la difficulté, que le cadre choisi par le premier serait conservé par les autres, qui y placeraient des aventures différentes.

On alla s'asseoir, et, dans le grand repos des champs assoupis, sous la lumière éclatante de la lune, Zola nous dit cette terrible page

de l'histoire sinistre des guerres, qui s'appelle l'*Attaque du Moulin.*

Quand il eut fini, chacun s'écria : « Il faut écrire cela bien vite. » Lui se mit à rire : « C'est fait. »

Ce fut mon tour le lendemain.

Huysmans, le jour suivant, nous amusa beaucoup avec le récit des misères d'un mobile sans enthousiasme.

Céard, nous redisant le siège de Paris, avec des explications nouvelles, déroula une histoire pleine de philosophie, toujours vraisemblable sinon vraie, mais toujours réelle depuis le vieux poème d'Homère. Car si la femme inspire éternellement des sottises aux hommes, les guerriers, qu'elle favorise plus spécialement de son intérêt, en souffrent nécessairement plus que d'autres.

Hennique nous démontra encore une fois que les hommes, souvent intelligents et raisonnables, pris isolément, deviennent infailliblement des brutes quand ils sont en nombre. — C'est ce qu'on pourrait appeler : l'ivresse des foules. — Je ne sais rien de plus drôle et de plus horrible en même temps que le siège de cette maison publique et le massacre des pauvres filles.

Mais Paul Alexis nous fit attendre quatre jours, ne trouvant pas de sujet. Il voulait nous raconter des histoires de Prussiens souillant des cadavres. Notre exaspération le fit taire, et il finit par imaginer l'amusante anecdote d'une grande dame allant ramasser son mari mort sur un champ de bataille et se laissant « attendrir » par un pauvre soldat blessé. — Et ce soldat était un prêtre.

Zola trouva ces récits curieux et nous proposa d'en faire un livre.

Voilà, Monsieur le directeur, quelques notes, vite griffonnées, mais contenant, je pense, tous les détails qui peuvent vous intéresser.

Veuillez agréer, avec mes remerciements pour votre bienveillance, l'assurance de mes sentiments les plus dévoués.

GUY DE MAUPASSANT.

Cet article est celui que Maupassant publia dans *le Gaulois* pour faire « démarrer la critique ». A la fin de ce volume nous citons quelques lignes des principaux articles qu'il provoqua.

APPENDICE

APPENDICE.

Nous donnons ici, à titre *purement documentaire*, et pour que le lecteur puisse se rendre compte de la venue de son talent, les quatre premières nouvelles publiées par Maupassant. On retrouvera dans la *Main d'Écorché* l'idée première de la *Main* (Contes du Jour et de la Nuit), et dans le *Mariage du Lieutenant Laré* celle des *Idées du Colonel* (Yvette).

LA MAIN D'ÉCORCHÉ.

Il y a huit mois environ, un de mes amis, Louis R., avait réuni, un soir, quelques camarades de collège; nous buvions du punch et nous fumions en causant littérature, peinture, et en racontant, de temps à autre, quelques joyeusetés, ainsi que cela se pratique dans les réunions de jeunes gens. Tout à coup la porte s'ouvre toute grande et un de mes bons amis d'enfance entre comme un ouragan. «Devinez d'où je viens», s'écrie-t-il aussitôt. «Je parie pour Mabille», répond l'un; «Non, tu es trop gai, tu viens d'emprunter de l'argent, d'enterrer ton oncle, ou de mettre ta montre chez ma tante», répond un autre; «Tu viens de te griser, riposte un troisième, et comme tu as senti le punch chez Louis,

tu es monté pour recommencer.» — «Vous n'y
êtes point, je viens de P..... en Normandie, où
j'ai été passer huit jours et d'où je rapporte un
grand criminel de mes amis que je vous demande
la permission de vous présenter.» A ces mots, il
tira de sa poche une main d'écorché; cette main
était affreuse, noire, sèche, très longue et comme
crispée, les muscles, d'une force extraordinaire,
étaient retenus à l'intérieur et à l'extérieur par une
lanière de peau parcheminée, les ongles jaunes,
étroits, étaient restés au bout des doigts; tout cela
sentait le scélérat d'une lieue. «Figurez-vous, dit
mon ami, qu'on vendait l'autre jour les défroques
d'un vieux sorcier bien connu dans toute la con-
trée; il allait au sabbat tous les samedis sur un
manche à balai, pratiquait la magie blanche et
noire, donnait aux vaches du lait bleu et leur fai-
sait porter la queue comme celle du compagnon
de saint Antoine. Toujours est-il que ce vieux
gredin avait une grande affection pour cette main,
qui, disait-il, était celle d'un célèbre criminel sup-
plicié en 1736, pour avoir jeté, la tête la pre-
mière, dans un puits sa femme légitime, en quoi
faisant je trouve qu'il n'avait pas tort, puis pendu
au clocher de l'église le curé qui l'avait marié.
Après ce double exploit, il était allé courir le monde
et dans sa carrière aussi courte que bien rem-
plie, il avait détroussé douze voyageurs, enfumé
une vingtaine de moines dans un couvent et fait

un sérail d'un monastère de religieuses. » — « Mais que vas-tu faire de cette horreur ? » nous écriâmes-nous. — « Eh parbleu, j'en ferai mon bouton de sonnette pour effrayer mes créanciers. » — « Mon ami, dit Henri Smith, un grand Anglais très flegmatique, je crois que cette main est tout simplement de la viande indienne conservée par un procédé nouveau, je te conseille d'en faire du bouillon. » — « Ne raillez pas, Messieurs, reprit avec le plus grand sang-froid un étudiant en médecine aux trois quarts gris, et toi, Pierre, si j'ai un conseil à te donner, fais enterrer chrétiennement ce débris humain, de crainte que son propriétaire ne vienne te le redemander; et puis, elle a peut-être pris de mauvaises habitudes, cette main, car tu sais le proverbe : « Qui a tué tuera. » — « Et qui a bu boira », reprit l'amphitryon; là-dessus il versa à l'étudiant un grand verre de punch, l'autre l'avala d'un seul trait et tomba ivre mort sous la table. Cette sortie fut accueillie par des rires formidables, et Pierre élevant son verre et saluant la main : « Je bois, dit-il, à la prochaine visite de ton maître », puis on parla d'autre chose et chacun rentra chez soi.

Le lendemain, comme je passais devant sa porte, j'entrai chez lui, il était environ 2 heures, je le trouvai lisant et fumant. « Eh bien, comment vas-tu ? » lui dis-je. — « Très bien », me répondit-il. — « Et ta main ? » — « Ma main, tu as dû la

voir à ma sonnette où je l'ai mise hier soir en ren-
trant, mais à ce propos figure-toi qu'un imbécile
quelconque, sans doute pour me faire une mau-
vaise farce, est venu carillonner à ma porte vers
minuit; j'ai demandé qui était là, mais comme
personne ne me répondait, je me suis recouché
et rendormi. »

En ce moment, on sonna, c'était le proprié-
taire, personnage grossier et fort impertinent. Il
entra sans saluer. « Monsieur, dit-il à mon ami,
je vous prie d'enlever immédiatement la cha-
rogne que vous avez pendue à votre cordon de
sonnette, sans quoi je me verrai forcé de vous·
donner congé. » — « Monsieur, reprit Pierre avec
beaucoup de gravité, vous insultez une main qui
ne le mérite pas, sachez qu'elle a appartenu à un
homme fort bien élevé. » Le propriétaire tourna
les talons et sortit comme il était entré. Pierre le
suivit, décrocha sa main et l'attacha à la sonnette
pendue dans son alcôve. — Cela vaut mieux,
dit-il, cette main, comme le « Frère, il faut
mourir » des Trappistes, me donnera des pen-
sées sérieuses tous les soirs en m'endormant. Au
bout d'une heure, je le quittai et je rentrai à mon
domicile.

Je dormis mal la nuit suivante, j'étais agité,
nerveux; plusieurs fois je me réveillai en sursaut,
un moment même je me figurai qu'un homme
s'était introduit chez moi et je me levai pour

regarder dans mes armoires et sous mon lit;
enfin, vers 6 heures du matin, comme je com-
mençais à m'assoupir, un coup violent frappé à
ma porte, me fit sauter du lit; c'était le domes-
tique de mon ami, à peine vêtu, pâle et tremblant.
«Ah Monsieur! s'écria-t-il en sanglotant, mon
pauvre maître qu'on a assassiné.» Je m'habillai à
la hâte et je courus chez Pierre. La maison était
pleine de monde, on discutait, on s'agitait, c'était
un mouvement incessant, chacun pérorait, racon-
tait et commentait l'événement de toutes les fa-
çons. Je parvins à grand'peine jusqu'à la chambre,
la porte était gardée, je me nommai, on me laissa
entrer. Quatre agents de la police étaient debout
au milieu, un carnet à la main, ils examinaient,
se parlaient bas de temps en temps et écrivaient;
deux docteurs causaient près du lit sur lequel
Pierre était étendu sans connaissance. Il n'était pas
mort, mais il avait un aspect effrayant. Ses yeux
démesurément ouverts, ses prunelles dilatées sem-
blaient regarder fixement avec une indicible épou-
vante une chose horrible et inconnue, ses doigts
étaient crispés, son corps, à partir du menton,
était recouvert d'un drap que je soulevai. Il por-
tait au cou les marques de cinq doigts qui s'étaient
profondément enfoncés dans la chair, quelques
gouttes de sang maculaient sa chemise. En ce
moment une chose me frappa, je regardai par ha-
sard la sonnette de son alcôve, la main d'écorché

n'y était plus. Les médecins l'avaient sans doute enlevée pour ne point impressionner les personnes qui entreraient dans la chambre du blessé, car cette main était vraiment affreuse. Je ne m'informai point de ce qu'elle était devenue.

Je coupe maintenant, dans un journal du lendemain, le récit du crime avec tous les détails que la police a pu se procurer. Voici ce qu'on y lisait :

« Un attentat horrible a été commis hier sur la personne d'un jeune homme, M. Pierre B....., étudiant en droit, qui appartient à une des meilleures familles de Normandie. Ce jeune homme était rentré chez lui vers 10 heures du soir, il renvoya son domestique, le sieur Bonvin, en lui disant qu'il était fatigué et qu'il allait se mettre au lit. Vers minuit, cet homme fut réveillé tout à coup par la sonnette de son maître qu'on agitait avec fureur. Il eut peur, alluma une lumière et attendit; la sonnette se tut environ une minute, puis reprit avec une telle force que le domestique, éperdu de terreur, se précipita hors de sa chambre et alla réveiller le concierge, ce dernier courut avertir la police et, au bout d'un quart d'heure environ, ces derniers enfonçaient la porte.

« Un spectacle horrible s'offrit à leurs yeux, les meubles étaient renversés, tout indiquait qu'une lutte terrible avait eu lieu entre la victime et le malfaiteur. Au milieu de la chambre, sur le dos,

les membres raides, la face livide et les yeux effroyablement dilatés, le jeune Pierre B..... gisait sans mouvement; il portait au cou les empreintes profondes de cinq doigts. Le rapport du docteur Bourdeau, appelé immédiatement, dit que l'agresseur devait être doué d'une force prodigieuse et avoir une main extraordinairement maigre et nerveuse, car les doigts qui ont laissé dans le cou comme cinq trous de balle s'étaient presque rejoints à travers les chairs. Rien ne fait soupçonner le mobile du crime, ni quel peut en être l'auteur. »

On lisait le lendemain dans le même journal :

« M. Pierre B....., la victime de l'effroyable attentat que nous racontions hier, a repris connaissance après deux heures de soins assidus donnés par M. le docteur Bourdeau. Sa vie n'est pas en danger, mais on craint fortement pour sa raison; on n'a aucune trace du coupable. »

En effet mon pauvre ami était fou; pendant sept mois, j'allai le voir tous les jours à l'hospice, mais il ne recouvra pas une lueur de raison. Dans son délire, il lui échappait des paroles étranges et, comme tous les fous, il avait une idée fixe, et se croyait toujours poursuivi par un spectre. Un jour, on vint me chercher en toute hâte en me disant qu'il allait plus mal, je le trouvai à l'agonie. Pendant deux heures, il resta fort calme, puis tout à coup, se dressant sur son lit malgré nos

efforts, il s'écria en agitant les bras et comme en
proie à une épouvantable terreur : « Prends-la !
prends-la ! Il m'étrangle, au secours, au secours ! »
Il fit deux fois le tour de la chambre en hurlant,
puis il tomba mort, la face contre terre.

Comme il était orphelin, je fus chargé de con-
duire son corps au petit village de P..... en Nor-
mandie, où ses parents étaient enterrés. C'est de
ce même village qu'il venait, le soir où il nous
avait trouvés buvant du punch chez Louis R. et
où il nous avait présenté sa main d'écorché. Son
corps fut enfermé dans un cercueil de plomb, et
quatre jours après, je me promenais tristement
avec le vieux curé qui lui avait donné ses pre-
mières leçons, dans le petit cimetière où l'on creu-
sait sa tombe. Il faisait un temps magnifique, le
ciel tout bleu ruisselait de lumière; les oiseaux
chantaient dans les ronces du talus, où, bien des
fois, enfants tous deux, nous étions venus manger
des mûres. Il me semblait encore le voir se fau-
filer le long de la haie et se glisser par le petit
trou que je connaissais bien, là-bas, tout au bout
du terrain où l'on enterre les pauvres, puis nous
revenions à la maison, les joues et les lèvres noires
du jus des fruits que nous avions mangés; et je
regardai les ronces, elles étaient couvertes de
mûres, machinalement j'en pris une, et je la portai
à ma bouche; le curé avait ouvert son bréviaire et
marmottait tout bas ses *oremus*, et j'entendais au

bout de l'allée la bêche des fossoyeurs qui creu-
saient la tombe. Tout à coup, ils nous appe-
lèrent, le curé ferma son livre et nous allâmes
voir ce qu'ils voulaient. Ils avaient trouvé un cer-
cueil. D'un coup de pioche, ils firent sauter le
couvercle et nous aperçûmes un squelette déme-
surément long, couché sur le dos, qui de son œil
creux semblait encore nous regarder et nous dé-
fier; j'éprouvai un malaise, je ne sais pourquoi,
j'eus presque peur. « Tiens! s'écria un des hommes,
regardez donc, le gredin a un poignet coupé,
voilà sa main. » Et il ramassa à côté du corps une
grande main desséchée qu'il nous présenta. « Dis
donc, fit l'autre en riant, on dirait qu'il te regarde
et qu'il va te sauter à la gorge pour que tu lui
rendes sa main. » — « Allons mes amis, dit le
curé, laissez les morts en paix et refermez ce cer-
cueil, nous creuserons autre part la tombe de ce
pauvre Monsieur Pierre. »

Le lendemain tout était fini et je reprenais la
route de Paris après avoir laissé 50 francs au vieux
curé pour dire des messes pour le repos de l'âme
de celui dont nous avions ainsi troublé la sépul-
ture.

Signé : Joseph PRUNIER.

Almanach de Pont-à-Mousson, 1875.

LE

DONNEUR D'EAU BÉNITE.

Il habitait autrefois une petite maison, près d'une grande route, à l'entrée d'un village. Il s'était établi charron après avoir épousé la fille d'un fermier du pays, et comme ils travaillaient beaucoup tous les deux, ils amassèrent une petite fortune. Seulement ils n'avaient pas d'enfants, ce qui les chagrinait énormément. Enfin un fils leur vint; ils l'appelèrent Jean, et ils le caressaient l'un après l'autre, l'enveloppant de leur amour, le chérissant tellement qu'ils ne pouvaient rester une heure sans le regarder.

Comme il avait cinq ans, des saltimbanques passèrent dans le pays et établirent une baraque sur la place de la Mairie.

Jean, qui les avait vus, s'échappa de la maison, et son père, après l'avoir cherché bien longtemps, le retrouva au milieu des chèvres savantes et des chiens faiseurs de tours, qui poussait de grands éclats de rire sur les genoux d'un vieux paillasse.

Trois jours après, à l'heure du dîner, au moment de se mettre à table, le charron et sa femme s'aperçurent que leur fils n'était plus dans la maison. Ils le cherchèrent dans leur jardin, et comme ils ne le trouvaient pas, le père sur le bord de la route, cria de toute sa force : « Jean ! » — La nuit venait ; l'horizon s'emplissait d'une vapeur brune qui reculait les objets dans un lointain sombre et effrayant. Trois grands sapins, tout près de là, semblaient pleurer. Aucune voix ne répondit ; mais il y avait dans l'air comme des gémissements indistincts. Le père écouta longtemps, croyant toujours entendre quelque chose, tantôt à droite, tantôt à gauche, et la tête perdue, il s'enfonçait dans la nuit en appelant sans cesse : « Jean ! Jean ! »

Il courut ainsi jusqu'au jour, emplissant les ténèbres de ses cris, épouvantant les bêtes rôdeuses, ravagé par une angoisse terrible et se croyant fou par moments. Sa femme, assise sur la pierre de sa porte, sanglota jusqu'au matin.

On ne retrouva pas leur fils.

Alors ils vieillirent rapidement dans une tristesse inconsolable.

Enfin ils vendirent leur maison et ils partirent pour chercher eux-mêmes.

Ils questionnèrent les bergers sur les côtes, les marchands qui passaient, les paysans dans les villages et les autorités des villes. Mais il y avait

longtemps que leur fils était perdu; personne ne savait rien; lui-même avait sans doute oublié son nom maintenant et celui de son pays; et ils pleuraient, n'espérant plus.

Bientôt ils n'eurent plus d'argent; alors ils se louèrent à la journée dans les fermes et dans les hôtelleries, accomplissant les besognes les plus humbles, vivant des restes des autres, couchant à la dure et souffrant du froid. Mais comme ils devenaient très faibles à force de fatigues, on n'en voulut plus pour travailler, et ils furent obligés de mendier sur les routes. Ils accostaient les voyageurs avec des figures tristes et des voix suppliantes; imploraient un morceau de pain des moissonneurs qui dînent autour d'un arbre, à midi, dans la plaine; et ils mangeaient silencieusement, assis sur le bord des fossés.

Un hôtelier, auquel ils racontaient leur malheur, leur dit un jour :

— J'ai connu aussi quelqu'un qui avait perdu sa fille; c'est à Paris qu'il l'a retrouvée.

Ils se mirent tout de suite en route pour Paris.

Lorsqu'ils entrèrent dans la grande ville, ils furent effrayés par son immensité et par les multitudes qui passaient.

Ils comprirent cependant qu'il devait être au milieu de tous ces hommes, mais ils ne savaient comment s'y prendre pour le chercher. Puis ils

craignaient de ne pas le reconnaître, car il y avait alors quinze ans qu'ils ne l'avaient vu.

Ils visitèrent toutes les places, toutes les rues, s'arrêtant à tous les attroupements qu'ils voyaient, espérant une rencontre providentielle, quelque prodigieux hasard, une pitié de la destinée.

Souvent ils marchaient à l'aventure devant eux, l'un contre l'autre, ayant l'air si tristes et si pauvres qu'on leur faisait l'aumône sans qu'ils l'eussent demandée.

Chaque dimanche ils passaient leur journée à la porte des églises, regardant entrer et sortir les foules et cherchant sur les figures une ressemblance lointaine. Plusieurs fois ils crurent le reconnaître, mais toujours ils s'étaient trompés.

Il y avait, au seuil d'une des églises où ils revenaient le plus souvent, un vieux donneur d'eau bénite qui était devenu leur ami. Son histoire était aussi fort triste, et la commisération qu'ils avaient pour lui fit naître entre eux une grande amitié. Ils finirent par habiter ensemble tous les trois dans un pauvre taudis, tout en haut d'une grande maison, située très loin, auprès des champs; et le charron quelquefois remplaçait à l'église son nouvel ami, lorsque celui-ci se trouvait malade. Un hiver vint, qui fut très dur. Le pauvre porteur de goupillon mourut, et le curé de la paroisse désigna pour le remplacer le charron dont il avait appris les malheurs.

Alors il vint chaque matin s'asseoir au même endroit, sur la même chaise, usant continuellement du frottement de son dos la vieille colonne de pierre contre laquelle il s'appuyait. Il regardait fixement tous les hommes qu'il voyait entrer, et il attendait les dimanches avec autant d'impatience qu'un collégien, parce que l'église, ce jour-là, était sans cesse pleine de monde.

Il devint très vieux, s'affaiblissant encore sous l'humidité des voûtes; et son espoir s'émiettait tous les jours.

Il connaissait à présent tous ceux qui venaient aux offices; il savait leurs heures, leurs habitudes; distinguait leurs pas sur les dalles.

Son existence était tellement rétrécie que l'entrée d'un étranger dans l'église était pour lui un grand événement. Un jour deux dames vinrent. L'une était vieille et l'autre jeune. C'était la mère et la fille probablement. Derrière elles un homme se présenta qui les suivit. Il les salua à la sortie, et, après leur avoir offert de l'eau bénite, il prit le bras de la plus vieille.

— Ce doit être le fiancé de la jeune, pensa le charron.

Et il chercha jusqu'au soir dans ses souvenirs où il avait pu voir autrefois un jeune homme qui ressemblât à celui-là. Mais celui qu'il se rappelait devait être à présent un vieillard, car il lui semblait l'avoir connu là-bas, dans sa jeunesse.

Ce même homme revint souvent accompagner les deux dames, et cette ressemblance vague, éloignée et familière qu'il ne pouvait retrouver importunait tellement le vieux donneur d'eau bénite, qu'il fit venir sa femme avec lui pour aider sa mémoire affaiblie.

Un soir, comme le jour baissait, les étrangers entrèrent tous les trois. Lorsqu'ils furent passés :

— Eh bien! le connais-tu? dit le mari.

La femme inquiète cherchait à se rappeler aussi. Tout à coup elle dit tout bas :

— Oui... oui... mais il est plus noir, plus grand, plus fort et habillé comme un monsieur; pourtant, père, vois-tu, c'est ta figure quand tu étais jeune.

Le vieux fit un soubresaut.

C'était vrai; il lui ressemblait, et il ressemblait aussi à son frère qui était mort, et à son père qu'il avait connu jeune encore. Ils étaient tellement émus qu'ils ne trouvaient rien à se dire. Les trois personnes redescendaient, allaient sortir. L'homme touchait le goupillon du doigt. Alors le vieux, dont la main tremblait tellement qu'elle faisait par terre une pluie d'eau bénite, s'écria : Jean?

L'homme s'arrêta, le regardant.

Il reprit plus bas :

— Jean?

Les deux femmes l'examinaient sans comprendre.

Alors il dit pour la troisième fois en sanglotant :

— Jean?

L'homme se pencha tout près de sa figure, et illuminé par un souvenir d'enfance, il répondit :

— Papa Pierre, maman Jeanne!

Il avait tout oublié, l'autre nom de son père et celui de son pays; mais il se rappelait toujours ces deux mots qu'il avait tant répétés : papa Pierre, maman Jeanne!

Il tomba, la figure sur les genoux du vieux, et il pleurait, et il embrassait l'un après l'autre son père et sa mère, qui suffoquaient d'une joie démesurée.

Les deux dames pleuraient aussi, comprenant qu'un grand bonheur était arrivé.

Alors ils allèrent tous chez le jeune homme et il leur raconta son histoire.

Les saltimbanques l'avaient enlevé. Pendant trois ans il parcourut avec eux bien des pays. Puis la troupe s'était dispersée, et une vieille dame, un jour, dans un château, avait donné de l'argent pour le garder, parce qu'elle l'avait trouvé gentil. Comme il était intelligent, on le mit à l'école, puis au collège, et la vieille dame n'ayant pas d'enfants lui avait laissé sa fortune. Lui aussi avait cherché ses parents; mais comme il ne se

rappelait que ces deux noms : « papa Pierre, maman Jeanne », il n'avait pu les retrouver. Maintenant, il allait se marier, et il présenta sa fiancée qui était très bonne et très jolie.

Quand les deux vieux eurent dit à leur tour leurs chagrins et leurs fatigues, ils l'embrassèrent encore une fois; et ils veillèrent fort tard ce soir-là, n'osant pas se coucher, de crainte que le bonheur qui les fuyait depuis si longtemps ne les abandonnât de nouveau pendant leur sommeil.

Mais ils avaient usé la ténacité du malheur, car ils furent heureux jusqu'à leur mort.

GUY DE VALMONT.

La Mosaïque, 1876.

« COCO, COCO, COCO FRAIS ! »

J'avais entendu raconter la mort de mon oncle Ollivier.

Je savais qu'au moment où il allait expirer doucement, tranquillement, dans l'ombre de sa grande chambre dont on avait fermé les volets à cause d'un terrible soleil de juillet; au milieu du silence étouffant de cette brûlante après-midi d'été, on entendit dans la rue une petite sonnette argentine. Puis, une voix claire traversa l'alourdissante chaleur : « Coco frais, rafraîchissez-vous, mesdames, coco, coco, qui veut du coco ? » Mon oncle fit un mouvement, quelque chose comme l'effleurement d'un sourire remua sa lèvre, une gaieté dernière brilla dans son œil qui, bientôt après, s'éteignit pour toujours.

J'assistais à l'ouverture du testament. Mon cousin Jacques héritait naturellement des biens de son père; au mien, comme souvenir, étaient légués quelques meubles. La dernière clause me

concernait. La voici : «A mon neveu Pierre, je laisse un manuscrit de quelques feuillets qu'on trouvera dans le tiroir gauche de mon secrétaire; plus 500 francs pour acheter son fusil de chasse, et 100 francs qu'il voudra bien remettre de ma part au premier marchand de coco qu'il rencontrera!...»

Ce fut une stupéfaction générale. Le manuscrit qui me fut remis m'expliqua ce legs surprenant.

Je le copie textuellement :

« L'homme a toujours vécu sous le joug des «superstitions. On croyait autrefois qu'une étoile «s'allumait en même temps que naissait un en-«fant; qu'elle suivait les vicissitudes de sa vie, « marquant les bonheurs par son éclat, les misères «par son obscurcissement. On croit à l'influence «des comètes, des années bissextiles, des ven-«dredis, du nombre treize. On s'imagine que «certaines gens jettent des sorts, le mauvais œil. «On dit : «Sa rencontre m'a toujours porté mal-«heur.» Tout cela est vrai. J'y crois. — Je m'ex-«plique : Je ne crois pas à l'influence occulte «des choses ou des êtres; mais je crois au hasard «bien ordonné. Il est certain que le hasard a fait «s'accomplir des événements importants pendant «que des comètes visitaient notre ciel; qu'il en a «placé dans les années bissextiles; que certains «malheurs remarqués sont tombés le vendredi, «ou bien ont coïncidé avec le nombre treize; que

« la vue de certaines personnes a concordé avec
« le retour de certains faits, etc. De là naissent
« les superstitions. Elles se forment d'une obser-
« vation incomplète, superficielle, qui voit la cause
« dans la coïncidence et ne cherche pas au delà.

« Or mon étoile à moi, ma comète, mon ven-
« dredi, mon nombre treize, mon jeteur de sorts,
« c'est bien certainement un marchand de coco.

« Le jour de ma naissance, m'a-t-on dit, il
« y en eut un qui cria toute la journée sous nos
« fenêtres.

« A huit ans, comme j'allais me promener avec
« ma bonne aux Champs-Élysées, et que nous
« traversions la grande avenue, un de ces indus-
« triels agita soudain sa sonnette derrière mon dos.
« Ma bonne regardait au loin un régiment qui
« passait ; je me retournai pour voir le marchand
« de coco. Une voiture à deux chevaux, luisante
« et rapide comme un éclair, arrivait sur nous. Le
« cocher cria. Ma bonne n'entendit pas ; moi non
« plus. Je me sentis renversé, roulé, meurtri...,
« et je me trouvai, je ne sais comment, dans les
« bras du marchand de coco qui, pour me récon-
« forter, me mit la bouche sous un de ses robi-
« nets, l'ouvrit et m'aspergea... ce qui me remit
« tout à fait.

« Ma bonne eut le nez cassé. Et si elle con-
« tinua à regarder les régiments, les régiments ne
« la regardèrent plus.

«A seize ans, je venais d'acheter mon premier
«fusil, et, la veille de l'ouverture de la chasse, je
«me dirigeais vers le bureau de la diligence, en
«donnant le bras à ma vieille mère qui allait fort
«lentement à cause de ses rhumatismes. Tout à
«coup, derrière nous, j'entendis crier : «Coco,
«coco, coco frais!» La voix se rapprocha, nous
«suivit, nous poursuivit. Il me semblait qu'elle
«s'adressait à moi, que c'était une personnalité,
«une insulte. Je crois qu'on me regardait en riant;
«et l'homme criait toujours : «Coco frais!»
«comme s'il se fût moqué de mon fusil brillant,
«de ma carnassière neuve, de mon costume de
«chasse tout *frais* en velours marron.

«Dans la voiture je l'entendais encore.

«Le lendemain, je n'abattis aucun gibier, mais
«je tuai un chien courant que je pris pour un
«lièvre; une jeune poule que je crus être une
«perdrix. Un petit oiseau se posa sur une haie;
«je tirai, il s'envola; mais un beuglement terrible
«me cloua sur place. Il dura jusqu'à la nuit...
«Hélas! mon père dut payer la vache d'un pauvre
«fermier.

«A vingt-cinq ans, je vis, un matin, un vieux
«marchand de coco, très ridé, très courbé, qui
«marchait à peine, appuyé sur son bâton et comme
«écrasé par sa fontaine. Il me parut être une sorte
«de divinité, comme le patriarche, l'ancêtre, le
«grand chef de tous les marchands de coco du

«monde. Je bus un verre de coco et je le payai
«vingt sous. Une voix profonde qui semblait
«plutôt sortir de la boîte en fer-blanc que de
«l'homme qui la portait, gémit : «Cela vous por-
«tera bonheur, mon cher monsieur».

«Ce jour-là je fis la connaissance de ma femme
«qui me rendit toujours heureux.

«Enfin, voici comment un marchand de coco
«m'empêcha d'être préfet.

«Une révolution venait d'avoir lieu. Je fus pris
«du besoin de devenir un homme public. J'étais
«riche, estimé, je connaissais un ministre; je de-
«mandai une audience en indiquant le but de ma
«visite. Elle me fut accordée de la façon la plus
«aimable.

«Au jour dit (c'était en été, il faisait une cha-
«leur terrible), je mis un pantalon clair, des gants
«clairs, des bottines de drap clair aux bouts de
«cuir verni. Les rues étaient brûlantes. On en-
«fonçait dans les trottoirs qui fondaient; et de
«gros tonneaux d'arrosage faisaient un cloaque des
«chaussées. De place en place des balayeurs fai-
«saient un tas de cette boue chaude et pour ainsi
«dire factice, et la poussaient dans les égouts. Je
«ne pensais qu'à mon audience et j'allais vite,
«quand je rencontrai un de ces flots vaseux; je
«pris mon élan, une..., deux... Un cri aigu, ter-
«rible, me perça les oreilles : «Coco, coco, coco,
«qui veut du coco?» Je fis un mouvement invo-

8

« lontaire des gens surpris ; je glissai… Ce fut une
« chose lamentable, atroce…, j'étais assis dans cette
« fange…, mon pantalon était devenu foncé, ma
« chemise blanche tachetée de boue ; mon chapeau
« nageait à côté de moi. La voix furieuse, enrouée
« à force de crier, hurlait toujours : « Coco, coco ! »
« Et devant moi, vingt personnes, que secouait
« un rire formidable, faisaient d'horribles grimaces
« en me regardant.

« Je rentrai chez moi en courant. Je me changeai.
« L'heure de l'audience était passée. »

Le manuscrit se terminait ainsi :

« Fais-toi l'ami d'un marchand de coco, mon
« petit Pierre. Quant à moi, je m'en irai content
« de ce monde, si j'en entends crier un, au moment
« de mourir. »

Le lendemain, je rencontrai aux Champs-
Elysées un vieux, très vieux porteur de fontaine
qui paraissait fort misérable. Je lui donnai les
cent francs de mon oncle. Il tressaillit stupéfait,
puis me dit : « Grand merci, mon petit homme,
cela vous portera bonheur. »

GUY DE VALMONT.

La Mosaïque, 1876.

LE MARIAGE

DU LIEUTENANT LARÉ.

Dès le début de la campagne, le lieutenant Laré prit aux Prussiens deux canons. Son général lui dit : « Merci, lieutenant », et lui donna la croix d'honneur.

Comme il était aussi prudent que brave, subtil, inventif, plein de ruses et de ressources, on lui confia une centaine d'hommes, et il organisa un service d'éclaireurs qui, dans les retraites, sauva plusieurs fois l'armée.

Mais comme une mer débordée, l'invasion entrait par toute la frontière. C'étaient de grands flots d'hommes qui arrivaient les uns après les autres, jetant autour d'eux une écume de maraudeurs. La brigade du général Carrel, séparée de sa division, reculait sans cesse, se battant chaque jour, mais se maintenait presque intacte, grâce à la vigilance et à la célérité du lieutenant Laré, qui semblait être partout en même temps, déjouait toutes les ruses de l'ennemi, trompait ses

8.

prévisions, égarait ses uhlans, tuait ses avant-
gardes.

Un matin, le général le fit appeler.

— Lieutenant, dit-il, voici une dépêche du
général de Lacère qui est perdu si nous n'arrivons
pas à son secours demain au lever du soleil. Il
est à Blainville, à huit lieues d'ici. Vous partirez
à la nuit tombante avec trois cents hommes que
vous échelonnerez tout le long du chemin. Je vous
suivrai deux heures après. Étudiez la route avec
soin; j'ai peur de rencontrer une division en-
nemie.

Il gelait fortement depuis huit jours. A deux
heures, la neige commença de tomber; le soir, la
terre en était couverte, et d'épais tourbillons
blancs voilaient les objets les plus proches.

A six heures le détachement se mit en route.

Deux hommes marchaient en éclaireurs, seuls,
à trois cents mètres en avant. Puis venait un pe-
loton de dix hommes que le lieutenant comman-
dait lui-même. Le reste s'avançait ensuite sur deux
longues colonnes. A trois cents mètres sur les
flancs de la petite troupe, à droite et à gauche,
quelques soldats allaient deux par deux.

La neige, qui tombait toujours, les poudrait de
blanc dans l'ombre; elle ne fondait pas sur leurs
vêtements, de sorte que, la nuit étant obscure, ils
tachaient à peine la pâleur uniforme de la cam-
pagne.

On faisait halte de temps en temps. Alors on n'entendait plus que cet innommable froissement de la neige qui tombe, plutôt sensation que bruit, murmure sinistre et vague. Un ordre se communiquait à voix basse, et, quand la troupe se remettait en route, elle laissait derrière elle une espèce de fantôme blanc debout dans la neige. Il s'effaçait peu à peu et finissait par disparaître. C'étaient les échelons vivants qui devaient guider l'armée.

Les éclaireurs ralentirent leur marche. Quelque chose se dressait devant eux.

— Prenez à droite, dit le lieutenant, c'est le bois de Ronfi; le château se trouve plus à gauche.

Bientôt le mot : « Halte ! » circula. Le détachement s'arrêta et attendit le lieutenant qui, accompagné de dix hommes seulement, poussait une reconnaissance jusqu'au château.

Ils avançaient, rampant sous les arbres. Soudain tous demeurèrent immobiles. Un calme effrayant plana sur eux. Puis tout près, une petite voix claire, musicale et jeune traversa le silence du bois. Elle disait :

— Père, nous allons nous perdre dans la neige. Nous n'arriverons jamais à Blainville.

Une voix plus forte répondit :

— Ne crains rien, fillette, je connais le pays comme ma poche.

Le lieutenant dit quelques mots, et quatre hommes s'éloignèrent sans bruit, pareils à des ombres.

Soudain un cri de femme, aigu, monta dans la nuit. Deux prisonniers furent amenés : un vieillard et une enfant. Le lieutenant les interrogea, toujours à voix basse.

— Votre nom?

— Pierre Bernard.

— Votre profession?

— Sommelier du comte de Ronfi.

— C'est votre fille?

— Oui.

— Que fait-elle?

— Elle est lingère au château.

— Où allez-vous?

— Nous nous sauvons.

— Pourquoi?

— Douze uhlans ont passé ce soir. Ils ont fusillé trois gardes et pendu le jardinier; moi, j'ai eu peur pour la petite.

— Où allez-vous?

— A Blainville.

— Pourquoi?

— Parce qu'il y a là une armée française.

— Vous connaissez le chemin?

— Parfaitement.

— Très bien; suivez-nous.

On rejoignit la colonne, et la marche à travers

champs recommença. Silencieux, le vieillard se tenait aux côtés du lieutenant. Sa fille marchait près de lui. Tout à coup elle s'arrêta.

— Père, dit-elle, je suis si fatiguée que je n'irai pas plus loin.

Et elle s'assit. Elle tremblait de froid et paraissait prête à mourir. Son père voulut la porter. Il était trop vieux et trop faible.

— Mon lieutenant, dit-il en sanglotant, nous gênerions votre marche. La France avant tout. Laissez-nous.

L'officier avait donné un ordre. Quelques hommes étaient partis. Ils revinrent avec des branches coupées. Alors, en une minute, une litière fut faite. Le détachement tout entier les avait rejoints.

— Il y a là une femme qui meurt de froid, dit le lieutenant; qui veut donner son manteau pour la couvrir?

Deux cents manteaux furent détachés.

— Qui veut la porter maintenant?

Tous les bras s'offrirent. La jeune fille fut enveloppée dans ces chaudes capotes de soldat, couchée doucement sur la litière, puis quatre épaules robustes l'enlevèrent; et, comme une reine d'Orient portée par ses esclaves, elle fut placée au milieu du détachement, qui reprit sa marche plus fort, plus courageux, plus allègre, réchauffé par la présence d'une femme, cette sou-

veraine inspiratrice qui a fait accomplir tant de progrès au vieux sang français.

Au bout d'une heure, on s'arrêta de nouveau et tout le monde se coucha dans la neige. Là-bas, au milieu de la plaine, une grande ombre noire courait. C'était comme un monstre fantastique qui s'allongeait ainsi qu'un serpent, puis, soudain, se ramassait en boule, prenait des élans vertigineux, s'arrêtait, repartait sans cesse. Des ordres murmurés circulaient parmi les hommes et, de temps en temps, un petit bruit sec et métallique claquait. La forme errante se rapprocha brusquement, et l'on vit venir au grand trot, l'un derrière l'autre, douze uhlans perdus dans la nuit. Une lueur terrible leur montra soudain deux cents hommes couchés devant eux. Une détonation rapide se perdit dans le silence de la neige, et tous les douze, avec leurs douze chevaux tombèrent.

On attendit longtemps. Puis on se remit en marche. Le vieillard qu'on avait trouvé servait de guide.

Enfin une voix très lointaine cria : Qui vive!

Une autre plus proche répondit un mot d'ordre.

On attendit encore; des pourparlers s'engageaient. La neige avait cessé de tomber. Un vent froid balayait les nuages, et derrière eux, plus haut, d'innombrables étoiles scintillaient. Elles pâlirent et le ciel devint rose à l'Orient.

Un officier d'état-major vint recevoir le déta-

chement. Mais comme il demandait qui l'on por-
tait sur cette litière, elle s'agita; deux petites
mains écartèrent les grosses capotes bleues, et rose
comme l'aurore, avec des yeux plus clairs que
n'étaient les étoiles disparues, et un sourire illu-
minant comme le jour qui se levait, une mignonne
figure répondit :

— C'est moi, monsieur.

Les soldats, fous de joie, battirent des mains
et portèrent la jeune fille en triomphe jusqu'au
milieu du camp qui prenait les armes. Bientôt
après le général Carrel arrivait. A neuf heures les
Prussiens attaquaient. Ils battirent en retraite à midi.

Le soir, comme le lieutenant Laré, rompu de
fatigue, s'endormait sur une botte de paille, on
vint le chercher de la part du général. Il le trouva
sous sa tente, causant avec le vieillard qu'il avait
rencontré dans la nuit. Aussitôt qu'il fut entré, le
général le prit par la main et s'adressant à l'in-
connu :

— Mon cher comte, dit-il, voici le jeune
homme dont vous me parliez tout à l'heure; un
de mes meilleurs officiers.

Il sourit, baissa la voix et reprit :

— Le meilleur.

Puis, se tournant vers le lieutenant abasourdi,
il présenta « le comte de Ronfi-Quédissac ».

Le vieillard lui prit les deux mains :

— Mon cher lieutenant, dit-il, vous avez

sauvé la vie de ma fille, je n'ai qu'un moyen de vous remercier....., vous viendrez dans quelques mois me dire..... si elle vous plaît.....

Un an après, jour pour jour, dans l'église Saint-Thomas-d'Aquin, le capitaine Laré épousait M^{lle} Louise-Hortense-Geneviève de Ronfi-Qué-dissac.

Elle apportait six cent mille francs de dot et était, disait-on, la plus jolie mariée qu'on eût encore vue cette année-là.

La Mosaïque, 1877.

VARIANTES

D'APRÈS

LE MANUSCRIT DE *BOULE DE SUIF.*

Page 3, ligne 7, allure *traînée, éparpillée,* sans...

Page 3, ligne 13, tranquilles, *gênés d'un sabre ou d'un fusil...*

Page 4, ligne 3, division *hachés* dans...

Page 4, ligne 5, fantassins *mélangés;* et...

Page 5, ligne 4, Sous *un fourré,...*

Page 5, ligne 9, disparu. *Dans quelle fosse d'aisances avez-vous plongé, ô fusils à tabatière.* Les derniers...

Page 5, ligne 18, pied, *escorté de* deux...

Page 6, ligne 1, étaient *fermées...*

Page 6, ligne 21, et *inhabitées...*

Page 6, ligne 25, le «*monstrueux* droit de la guerre».

Page 6, ligne 26, chambres *closes...*

Page 8, ligne 24, même *avait repris* son aspect ordinaire. *Les rues semblaient vivantes comme au temps des Français; rien en apparence n'était changé que l'uniforme des soldats.* Du reste...

Page 9, ligne 15, Les *Prussiens...*

Page 9, ligne 24, ramenaient *chaque jour* du...

Page 10, ligne 2, fleuve *étaient pleine de ces...*

Page 10, ligne 6, gloire. *C'était le dévouement des pauvres à leurs misérables foyers qui travaillaient chaque nuit dans l'ombre.*

Page 10, ligne 10, envahisseurs, *tout en faisant peser sur la ville le joug de leur* discipline,

Page 16, ligne 3, commerce, *à laquelle il donnait* son...

Page 16, ligne 19, époux, *toute petite,* toute...

Page 16, ligne 21, d'un *œil...*

Page 18, ligne 7, L'autre *toute* chétive...

Page 19, ligne 18, tendue, *un gros bedon* qui...

Page 33, ligne 1, voix *dure* d'un...

Page 33, ligne 20, si *menu...*

Page 37, ligne 19, en *buvaient.* Les...

Page 37, ligne 27, avait *pris elle-même* la...

Page 41, ligne 12, Suif, *dont le ventre et les tetons se mêlaient* sous...

Page 41, ligne 20, Suif *paraissait...*

Page 42, ligne 1, Elle *semblait...*

Page 63, ligne 22, était *détourné,* habile...

OPINION DE LA PRESSE

SUR

LES SOIRÉES DE MÉDAN.

« Nous nous attendons à toutes les attaques,
à la mauvaise foi et à l'ignorance dont la cri-
tique courante nous a déjà donné tant de
preuves. »

Préface des *Soirées de Médan.*

Le Figaro, 19 avril 1880 (Albert Wolff).

« Le récit est curieux ; on est un soir d'été sous les
grands arbres, l'un a pris son bain, l'autre a flâné
dans la campagne avec des idées grivoises, voyez-
vous cela ! Tous sont étendus sur le dos contemplant
les étoiles qui brillent là-haut. On parle de Mérimée :
c'est un imbécile, s'écrie un petit naturaliste. L'autre
bâille et affirme que la campagne l'embête. Voilà ce
qu'ils pensent et voilà comment ils écrivent ; et c'est
cette petite bande de jeunes présomptueux, qui dans
une préface d'une rare insolence, jette le gant à la
critique. Cette rouerie est cousue de fil blanc ; le fond
de leur pensée est : Tâchons de nous faire éreinter,
cela fera vendre le volume.

« *Les Soirées de Médan* ne valent pas une seule ligne
de critique. Sauf la nouvelle de Zola, qui ouvre le vo-
lume, c'est de la dernière médiocrité. »

Le Temps, 7 mai 1880 (Le Reboullet).

« Que penser après cela du défi qu'une demi-dou-
zaine de jeunes gens groupés à l'ombre de M. Émile Zola
viennent de jeter à la critique. Mais qu'importent la
préface et le défi? Si ces nouvelles avaient quelque
originalité, si elles tranchaient par un trait, fût-il
grossier, sur la banalité des productions contempo-
raines, il y aurait plaisir et profit à s'y arrêter. Par
malheur, l'ambition s'arrête précisément au préam-
bule; en dépit du panache dont il est coiffé, le livre
est des plus ordinaires. Les jeunes gens qui se récla-
ment de M. Zola ont hérité de sa suffisance, mais non
de son talent. »

Événement, 19 avril 1880 (Léon Chapron).

« Où la pathologie perdrait son latin, en supposant
que cette vieille dame ait jamais su le latin, c'est dans
le cas de MM. les naturalistes. Ces gens-là, parmi les-
quels il est des gens de valeur, sont littéralement en-
fiévrés de vanité. Ils viennent de publier un volume :
Les Soirées de Médan. Une vingtaine de lignes s'étalent
en manière de préface. Cette préface est purement et
simplement une grossièreté. Remarquez que je n'en
suis pas autrement surpris... Outre que cette préface
est assez mal bâtie, elle est d'une inconsciente bêtise,
qui doit ravir les amateurs de la vieille gaieté fran-
çaise... Eh bien, pathologie ou non, nous voudrions
bien qu'on ne trouvât plus d'éternelles excuses pour
les assassins, les nymphomanes, les joueurs et — sur-
tout — pour les naturalistes. »

Le Voltaire, 20 avril 1880 (Édouard Rod).

« ... M. Guy de Maupassant, dont la nouvelle est placée immédiatement après celle de Zola, s'est fait connaître autrefois dans la *République des Lettres* par des poésies d'allure franche et forte. Le sujet choisi par lui — le voyage pendant la guerre d'une société d'honnêtes gens en compagnie d'une courtisane — est peut-être le plus original du volume. Mais ce qui frappe dans les détails, c'est la bonne humeur inaltérable du conteur. Il n'a aucune amertume... La bêtise et la lâcheté humaines, loin de l'irriter l'intéressent, peut-être même l'amusent. Il n'a pas cherché à peindre une grande douleur ni une grande passion, il a simplement raconté une histoire assez ridicule et un peu odieuse, en homme habile à découvrir et à débrouiller les intrigues de la vie courante. Son indifférence est celle d'un tempérament bien équilibré, d'un homme sans aucune sentimentalité qui, étant fort, ne souffre point de la vie, ne la trouve ni belle ni laide et la prend comme elle est.

« L'union de ces jeunes écrivains montre la force ; sans aucun doute elle inquiétera les adversaires passionnés du naturalisme, ceux qui font de l'esprit au lieu de comprendre, qui rient au lieu d'étudier. Ceux qui, au contraire, s'intéressent au mouvement moderne salueront avec plaisir leur œuvre collective toute pleine de promesses et déjà de réalisations. »

Gil Blas, 1er juillet 1883 (Théodore de Banville).

« A GUY DE MAUPASSANT. — Vous êtes devenu célèbre tout de suite, parce que d'instinct vous avez deviné que.

la condition unique de l'art, c'est de donner aux déli-
cats et à la foule ce dont ils ont également soif : la
sincérité. Être sincère, tout est là; il n'y a pas d'autre
règle, il n'y a pas d'autre poétique, et tous les fatras
qui disent le contraire en ont menti. Oh! quelle fut
la charmante et réconfortante et heureuse surprise des
lecteurs, lorsqu'on vous vit arriver exempt de toute
affectation et de tout mensonge, ne cherchant pas du
tout à donner aux gens des vessies pour des lanternes,
ou à leur faire voir en plein midi trente-six chan-
delles. On ne se lassera pas de relire cette *Boule de
Suif* où vous avez montré la laideur de l'Égoïsme
humain, sans vous laisser séduire par les sirènes de
l'antithèse et sans être tenté de faire de votre héroïne
une figure sublime. »

———

Correspondance de Gustave Flaubert (1869-1880).

A GUY DE MAUPASSANT.

«... Mais il me tarde de vous dire que je considère
« Boule de Suif » comme un *chef-d'œuvre*. Oui! jeune
homme! Ni plus, ni moins, cela est d'un maître. C'est
bien original de conception, entièrement bien compris
et d'un excellent style. Le paysage et les personnages
se voient et la psychologie est forte. Bref, je suis ravi,
deux ou trois fois j'ai ri tout haut (*sic*).

« Le scandale de M^{me} Brainne me donne le vertige!
Je rêve!...

« Je vous ai mis sur un petit morceau de papier

mes remarques de pion. Tenez-en compte, je les crois bonnes.

« Ce petit conte *restera*, soyez-en sûr! Quelles belles binettes que celles de vos bourgeois! Pas un n'est raté. Cornudet est immense et vrai! La religieuse couturée de petite vérole, parfaite, et le comte « ma chère enfant », et la fin! La pauvre fille qui pleure pendant que l'autre chante la *Marseillaise*, sublime. J'ai envie de te bécotter pendant un quart d'heure! Non! vraiment, je suis content! je me suis amusé et j'admire.

« Eh bien, *précisément* parce que c'est raide de fond et embêtant pour les bourgeois, j'enlèverais deux choses, qui ne sont pas mauvaises du tout, mais qui peuvent faire crier les imbéciles, parce qu'elles ont l'air de dire : « Moi je m'en f... » : 1° dans quelle fosse, etc., ce jeune homme jette de la fange à nos armes; et 2° le mot *tetons*. Après quoi le goût le plus bégueule n'aurait rien à vous reprocher.

« Elle est charmante, votre fille! Si vous pouviez atténuer son ventre au commencement, vous me feriez plaisir. »

E. Fasquelle, éd.

TABLE DES MATIÈRES.

APPENDICE.

www.ingramcontent.com/pod-product-compliance
Lightning Source LLC
Chambersburg PA
CBHW071843020726
47502CB00003B/584